V&R

EDITION Leidfaden
Hrsg. von Monika Müller

Die Buchreihe *Edition Leidfaden* ist Teil des Programmschwerpunkts »Trauerbegleitung« bei Vandenhoeck & Ruprecht, in dessen Zentrum seit 2012 die Zeitschrift »Leidfaden – Fachmagazin für Krisen, Leid, Trauer« steht. Die Edition bietet Grundlagen zu wichtigen Einzelthemen und Fragestellungen im (semi-)professionellen Umgang mit Trauernden.

Heidi Müller / Hildegard Willmann

Trauer: Forschung und Praxis verbinden

Zusammenhänge verstehen und nutzen

Mit einem Vorwort von Henk Schut

Vandenhoeck & Ruprecht

Mit 4 Abbildungen und 3 Tabellen

Bibliografische Information der Deutschen Nationalbibliothek

Die Deutsche Nationalbibliothek verzeichnet diese Publikation in der Deutschen Nationalbibliografie; detaillierte bibliografische Daten sind im Internet über http://dnb.d-nb.de abrufbar.

ISBN 978-3-525-40260-3

Weitere Ausgaben und Online-Angebote sind erhältlich unter: www.v-r.de

Umschlagabbildung: © Angela Schneider

© 2016, Vandenhoeck & Ruprecht GmbH & Co. KG,
Theaterstraße 13, D-37073 Göttingen /
Vandenhoeck & Ruprecht LLC, Bristol, CT, U.S.A.
www.v-r.de
Alle Rechte vorbehalten. Das Werk und seine Teile sind urheberrechtlich geschützt. Jede Verwertung in anderen als den gesetzlich zugelassenen Fällen bedarf der vorherigen schriftlichen Einwilligung des Verlages.
Printed in Germany.

Satz: SchwabScantechnik, Göttingen
Druck und Bindung: ⊕ Hubert & Co GmbH & Co. KG,
Robert-Bosch-Breite 6, D-37079 Göttingen

Gedruckt auf alterungsbeständigem Papier.

Für Jürgen (H. M.)
Für Hermann (H. W.)
Ohne die es dieses Buch nicht geben würde

Inhalt

Vorwort von Henk Schut 9

1 Einleitung 11
  1.1 Wer die Wahl hat, hat die Qual 15
  1.2 Literatur 16

2 Was passieren kann, wenn die Trauer nicht
   den gesellschaftlichen Normen entspricht 17
  2.1 Ein neues Konzept: Disenfranchised grief 19
  2.2 Welche Kategorien gibt es? 21
  2.3 Wenn die eigenen Vorstellungen zum Problem werden 26
  2.4 Wer leidet mehr, wer leidet weniger? 27
  2.5 Die Situation der Betroffenen 29
  2.6 Worauf Fachkräfte achten können 30
  2.7 Wie Fachkräfte helfen können 33
  2.8 Auf einen Blick 38
  2.9 Literatur 39

3 Das Duale Prozessmodell der Bewältigung von
   Verlusterfahrungen (DPM) 41
  3.1 Ein wenig Geschichte: Die Idee der Trauerarbeit 42
  3.2 Über die Idee der Trauerarbeit hinaus:
      Fünf Gründe für ein neues Trauermodell 44

3.3 Das Duale Prozessmodell – Beschreibung 47
3.4 Achterbahnfahren ist gesund 53
3.5 Das DPM in Forschung und Praxis 54
3.6 Ausblick 61
3.7 Zusammenfassung 62
3.8 Auf einen Blick 62
3.9 Literatur 63

4 Über den Tod hinaus: Vom Lösen und Fortsetzen der Bindung zum Verstorbenen 65
4.1 Die eine Seite: Die Bindung muss gelöst werden 67
4.2 Die andere Seite: Die Bindung muss fortgesetzt werden 70
4.3 Wie wird die Bindung zum Verstorbenen gelebt? 72
4.4 Fortgesetzte Bindungen: heilsam oder schädlich? 79
4.5 Worauf können Fachkräfte achten? 85
4.6 Auf einen Blick 86
4.7 Literatur 87

5 Resilienz: Ein anderer Blick auf Verlustreaktionen 91
5.1 Resilienz: Was ist das? 93
5.2 Resilienz in der Trauerforschung 94
5.3 Wie häufig ist Resilienz nach Verlusten? 98
5.4 Was zeichnet Menschen mit einem resilienten Trauerverlauf aus? 105
5.5 Tipps für Praktiker 110
5.6 Ausblick 112
5.7 Auf einen Blick 113
5.8 Literatur 114

Vorwort

Manchmal scheint es so, als würden Praktiker und Wissenschaftler in zwei unterschiedlichen Welten leben. Die einen glauben an theoretische Konstrukte und Analysen, die anderen an lösungsorientiertes Handeln. Doch wie heißt es so schön: Wissen ohne Handeln ist nutzlos – und Handeln ohne Wissen (meist) erfolglos. Wissenschaft und Praxis sind zwei Seiten einer Medaille.

Vor diesem Hintergrund ist es mein zentrales Anliegen, die Zusammenarbeit von Trauerberatern und Trauerforschern zu stärken. Denn sie können viel voneinander lernen und haben das gleiche Ziel: Die bestmögliche Hilfe für Trauernde. Der Unterschied ist nur, dass Trauerberater und Trauerforscher in diesem Zusammenhang unterschiedliche Aufgaben übernehmen. Während die Praktiker überwiegend damit beschäftigt sind, Trauernde zu unterstützen, untersuchen die Wissenschaftler unter anderem, wie die Unterstützung aussehen sollte, damit den Betroffenen langfristig daraus der größtmögliche Nutzen entsteht.

Ich betrachte die Forschung als eine Informationsquelle und ein Mittel zum kritischen Hinterfragen von Annahmen. Ganz besonders, wenn es um Rückschlüsse geht, die jemand nur aufgrund seiner Erfahrung zieht. Dabei stellen die Forschungsergebnisse aber auch kein Evangelium dar. In den Sozialwissenschaften gibt es keine ewig gültigen Wahrheiten. Dennoch ist Forschung wichtig, da wir Menschen dazu neigen, das zu sehen, was wir sehen möchten. Wenn wir davon überzeugt sind, dass unsere Interventionen hilfreich sind, dann werden wir diesen Effekt auch sehen. Dem Klienten geht es besser und wir nehmen einfach an, dass das nur an unserer Hilfe liegen kann. Wir lassen außer Acht, dass es auch eine natürliche Entwicklung im Trauerprozess gibt. Und auch der Klient zeigt sich sehr zufrieden mit der Beratung.

Aber kann er unterscheiden zwischen dem natürlichen Trauerverlauf und der Wirkung einer Beratung? Ist er frei von allen gesellschaftlichen und situativen Zwängen und könnte uns gegebenenfalls offen sagen, dass er die Beratung miserabel fand?

Die Forschung ist der Advocatus Diaboli im besten Sinne. Sie bringt dich weiter, wenn sie dir beweist, dass du dich irrst. Und erst wenn du keinen Hinweis dafür finden kannst, dass du dich irrst, dann kannst du zu Recht annehmen, dass du Recht hast, also in unserem Fall, dass Trauerberatung hilft! Das ist doch sehr viel überzeugender als eine gutwillige, unkritische Herangehensweise.

Um einiges schwieriger ist es natürlich, wenn in einem Land wenig systematisch und dauerhaft Trauerforschung betrieben wird und die Praktiker mehr oder weniger gezwungen sind, internationale Fachartikel zu lesen, um sich zu orientieren. Umso wichtiger ist es, in solchen Ländern den Wissenstransfer zu fördern. Das vorliegende Buch leistet diese wertvolle Transferarbeit und stellt vier Themen der Trauerforschung vor, die momentan die Grundfesten unseres Wissens erschüttern und neue Impulse für die Beratung von Hinterbliebenen setzen. Ich hoffe, dass die Leser diese Erkenntnisse ebenso anregend finden werden wie ich und dass sie daraus wertvolle Informationen für ihre eigene Arbeit gewinnen können.

Dr. Henk Schut
Universität Utrecht, Niederlande

1 Einleitung

Ich höre gerne Musik. Es muss keine bestimmte Musikrichtung sein. Klassik, Funk, House, Jazz, Rock – ich höre vieles gern. Und wie in alten Zeiten saß ich an einem Wochenende mal wieder zusammen mit meinem Bruder auf der Couch und redete mit ihm über Musik. Dabei erinnerten wir uns an eine Radiosendung, die wir in unserer Jugendzeit sehr gern gehört haben: Die Internationale Hitparade – Musik direkt vom Plattenteller. Die Erkennungsmelodie habe ich noch heute im Ohr. In jeder Sendung wurden neue Musiktitel vorgestellt, die bei uns im Radio sonst kaum oder gar nicht zu hören waren. So lernten wir immer mehr Musikstücke aus allen Teilen der Welt kennen. Und die Erklärungen des Moderators halfen uns dabei, die einzelnen Musikstücke auch einordnen zu können. Wenn ich daran zurückdenke, bin ich heute noch begeistert.

Diese sehr erfolgreiche Musiksendung gibt es seit den 1990ern nicht mehr. Doch die Idee lebt weiter. Das habe ich (Heidi Müller) gerade erst selbst festgestellt, als ich zusammen mit meiner Kollegin Hildegard Willmann die neuste Ausgabe des Newsletters »Trauerforschung im Fokus« vorbereitet habe. Natürlich wählen wir für den Newsletter keine Musiktitel aus. Wir stellen aktuelle Fachartikel aus dem Bereich der Trauerforschung vor, die uns aus den vielfältigsten Gründen begeistern und unser Wissen beziehungsweise unsere praktische Arbeit sehr bereichert haben. Wie in der Musiksendung liegt auch unser Fokus auf den internationalen Beiträgen, denn in Deutschland wird Trauerforschung wenig dauerhaft und systematisch betrieben. Damit ließe sich kein Blumentopf gewinnen, sagte ein Professor mal scherzhaft.

In Ländern wie England, den Niederlanden, USA oder auch Australien sieht das ganz anders aus und die Fülle an Erkenntnissen ist kaum zu überblicken. »Grief Matters«, »Death Studies« und »Omega« sind nur einige der Fachzeitschriften, in denen schwerpunktmäßig Artikel zum Thema Trauer zu finden sind. Mittlerweile bemühen sich die Wissenschaftler[1] in ihren Beiträgen auch, den Bezug zur Praxis herzustellen. Das mag möglicherweise daran liegen, dass einige von ihnen selbst als Trauerberater, -begleiter[2] oder auch als Psychotherapeut arbeiten. Damit sind die Inhalte der Artikel nicht mehr ganz so abstrakt und lassen sich gut in die Praxis übertragen.

Eine Hürde steht vielen deutschsprachigen Praktikern dabei allerdings oft noch im Weg: die englische Sprache. Es braucht schon ein wenig Übung, Zeit und Geduld, sich englischsprachige Fachtexte zu erschließen, und für Personen, die in ihrer Schulzeit keinen Englischunterricht hatten, ist es verständlicherweise fast unmöglich. Kenneth Doka, ein international anerkannter Experte auf dem Gebiet Trauer, hat einmal sehr über die Vorstellung geschmunzelt,

---

[1] Wir verwenden aus Gründen der Lesbarkeit nur die männliche Form der Bezeichnung. Sprechen wir von einer gemischtgeschlechtlichen Gruppe, dient auch nur das Maskulinum als Basis für den Plural.

[2] Wir verwenden aus Gründen der Lesbarkeit die Begriffe »Trauerberater« und »Trauerbegleiter« synonym, obwohl uns bewusst ist, dass es inhaltliche Unterschiede geben mag. Doch diese Unterscheidung ist für den Text von nachrangiger Bedeutung.
Die Begriffe »Trauertherapeut«, »Trauertherapie« verwenden wir nicht, da sie irreführende Vorstellungen hervorrufen können. Diese Begriffe suggerieren eine Form von Qualifizierung, die an jene eines psychologischen Psychotherapeuten erinnern mag, doch so nicht gegeben ist. Da es sich bei allen Begriffen (Trauerberater, Trauerbegleiter, Trauertherapeut) in Deutschland gleichermaßen um ungeschützte Bezeichnungen handelt, denen keine Qualitätsmerkmale zugewiesen sind, sehen wir keinen Sinn darin, diese Unterscheidung zu treffen und eine irreführende Vorstellung zu fördern. Des Weiteren halten wir es für wichtig, dass die Betroffenen, die etwa unter Depressionen, Angststörungen, einer Posttraumatischen Belastungsstörung oder auch einer Komplizierten Trauer leiden, nur von ärztlichen oder psychologischen Psychotherapeuten behandelt werden.

dass er deutschsprachige Fachzeitschriften lesen müsste, um sich auf dem Laufenden zu halten.

Aus diesem Grund haben wir es uns zur Aufgabe gemacht, interessante Texte zugänglich zu machen, indem wir die Abstracts ins Deutsche übersetzen – wie im Newsletter »Trauerforschung im Fokus« – oder ganze Zusammenfassungen der Artikel veröffentlichen – wie in der deutschsprachigen Zeitschrift »Leidfaden«, einem Fachmagazin für Krisen, Leid und Trauer, welches wie dieses Buch ebenfalls vom Verlag Vandenhoeck & Ruprecht herausgegeben wird.

Um Betroffene bestmöglich unterstützen zu können, sind die Erkenntnisse der Wissenschaft unumgänglich. Darin sind sich viele Wissenschaftler und Praktiker einig (zum Beispiel Neimeyer et al., 2011). Nicht ohne Grund sind zum Beispiel Ärzte verpflichtet, sich permanent weiterzubilden, obwohl sie über durchaus umfangreiches Erfahrungswissen verfügen. Erfahrungswissen ist wichtig, keine Frage. Doch woher zum Beispiel soll eine Trauerfachkraft wissen, ob es sich bei dem, was ein Betroffener schildert, um einen Einzelfall handelt oder ob es der Mehrheit der Betroffenen auch so ergeht? Fachkräfte[3] sehen meist nur eine gewisse Anzahl von Personen und in der Regel nur solche, die Schwierigkeiten im Umgang mit einem Verlust haben. Wie sollen sie da einschätzen können, was normal ist und von vielen Menschen erlebt wird? An welchen Maßstäben sollen sie sich orientieren, wenn sie sich überlegen, was für eine Person, deren Reaktionen ungewöhnlich ausfallen, hilfreich sein könnte? An diesen Punkten können wissenschaftliche Erkenntnisse sehr aufschlussreich sein und beispielsweise irreführenden Vorstellungen, aber auch unangebrachten Maßnahmen vorbeugen.

Auch ich freue mich, wenn Klienten zu mir sagen: »Vielen Dank, Frau Müller, Sie haben mir sehr geholfen.« Es scheint zu bestätigen, was ich tue. Doch woher nehme ich die Gewissheit, dass es wirklich meine Unterstützung ist, die ihnen hilft, und nicht einfach die Zeit,

---

3 Unter »Fachkraft« verstehen wir alle Berufsgruppen, die mit Menschen, die einen Verlust erlitten haben, zu tun haben. Alternativ verwenden wir auch den Begriff »Praktiker«.

im Laufe derer sich der Zustand der Person verbessert hat? Zugegeben, was die Wirksamkeit von vielen Trauerangeboten anbelangt, da trifft die Trauerforschung auch bei mir einen wunden Punkt, weil sich das, was ich als Rückmeldung erhalte, in belastbaren Studien bisher nicht bestätigen lässt.

Doch wie geht man mit solchen Studienergebnissen um? Wegschauen und ignorieren, als wäre nichts gewesen? Und wenn doch etwas dran ist und die Maßnahmen bei einigen Betroffenen tatsächlich mehr Schaden als Nutzen anrichten? Das wäre wohl nicht im Sinne der Betroffenen. Wie wäre es, wenn wir als Fachkräfte anstatt wegzusehen eher etwas genauer hinschauen und uns eingehender damit beschäftigen, was wir tun? Möglicherweise bietet sich die eigene Einrichtung als Untersuchungsgegenstand an oder uns fällt etwas auf, worauf wir Wissenschaftler hinweisen können. Studienergebnisse stellen keine absoluten Wahrheiten dar und viele Forscher sind sehr dankbar für Anregungen aus der Praxis. Denn letztlich sind Wissenschaft und Praxis keine Gegner, sie haben beide das gleiche Ziel. Sie wollen das Beste für die Betroffenen.

Die Brücke zwischen Forschung und Praxis zu schlagen, ist uns sehr wichtig, da es in der Konsequenz den Betroffenen zugutekommt. Aus diesem Grund haben wir auch kaum gezögert, als wir gefragt wurden, ob wir in der »Edition Leidfaden« ein Buch veröffentlichen möchten, in dem wir einige Themen vorstellen, die aktuell in der internationalen Trauerforschung diskutiert werden. Und da uns schon öfter beim Lesen deutschsprachiger Beiträge aufgefallen ist, dass einige Themen hierzulande kaum bekannt sind oder teilweise auch auf recht eigene Weise ausgelegt werden, schien uns das eine gute Möglichkeit zu sein, interessierten Menschen einige spannende Themen vorzustellen und dabei auch die eine oder andere irreführende Idee diskutieren zu können.

1.1 Wer die Wahl hat, hat die Qual

Es gibt zahlreiche Themen, die für dieses Buch in Frage gekommen wären. Doch als es um die Auswahl ging, brauchten wir gar nicht lange zu überlegen. Uns fielen gleich vier Themen ein, die wir gern selbst noch einmal betrachten wollten, weil sie sich inhaltlich gesehen sehr interessant weiterentwickelt haben. In diese Kategorie fiel beispielsweise das Thema »Disenfranchised grief« (2. Kapitel). Als das Konzept Ende der 1980er Jahre bekannt wurde, griffen es viele Fachkräfte auf. Es betrachtete Verlusterfahrungen aus einem neuen Blickwinkel und veranschaulichte, was passieren kann, wenn der Verlust oder die darauffolgenden Trauerreaktionen nicht den gesellschaftlichen Vorstellungen entsprechen. In der Folge wurden Trauerregeln eher als problematisch angesehen. Doch diese Sichtweise kann durch eine neuere Betrachtungsweise erweitert werden. Denn eine Gesellschaft wäre ohne solche Regeln kaum handlungsfähig und in gewisser Weise erleben alle Menschen, dass ihre Trauer in manchen Aspekten, Situationen oder von einzelnen Menschen weniger anerkannt wird, als sie es sich wünschen. Doch nicht jedem entsteht daraus ein Problem.

Warum es problematisch ist, Trauer modellhaft in Phasen oder Aufgaben einzuteilen, diskutiert das 3. Kapitel. Es stellt das in Deutschland weniger bekannte »Duale Prozessmodell der Bewältigung[4] von Verlusterfahrungen«, kurz DPM genannt, vor und veranschaulicht, welche Vorteile es für die Betroffenen und die Fachkräfte haben kann, Verlusterfahrungen auf diese Weise zu verstehen.

Im 4. Kapitel geht es um das Thema »Fortgesetzte Bindungen«. Dabei wird zunächst auf zwei verbreitete Annahmen eingegangen: Erstens: »Fortgesetzte Bindungen sind problematisch. Erst das Lösen der Bindung zum Verstorbenen zeigt an, dass der Ver-

---

4 Uns ist bewusst, dass sich der Begriff »Bewältigung«, »bewältigen« wortgeschichtlich von dem Wort »gewaltig« ableitet und seine Bedeutung zunächst »in seine Gewalt bringen«, »etwas beherrschen« war (Kluge, 1995, S. 106). Heutzutage wird darunter »mit etwas fertig werden« verstanden. Auf diese Wortbedeutung beziehen wir uns.

lust bewältigt ist.« Zweitens: »Die fortgesetzte Bindung ist generell heilsam und das Ziel des Trauerprozesses.« Ob sich diese beiden Annahmen so pauschal aufrechterhalten lassen, darf bezweifelt werden. Worauf Fachkräfte in diesem Zusammenhang bei Betroffenen aber achten sollten, wird erläutert.

Das abschließende 5. Kapitel dieses Buches beinhaltet das Thema »Resilienz«. Dieses Thema war uns sehr wichtig, weil es Fachkräften viele praktische Anregungen zu bieten hat. Wir haben es aber noch aus einem weiteren Grund aufgegriffen. Auch unter Trauerfachkräften wird häufig angenommen, Resilienz wäre eine persönliche Eigenschaft, die Menschen sich aneignen könnten. Dies ist eine Annahme, die für Betroffene ungünstige Erwartungen mit sich bringen kann.

Last, but not least hoffen wir, dass dieses Buch unsere Leser dazu anregt, über Themen, Begriffe oder Modelle nachzudenken. Wenn die Fachkräfte unter den Lesern dann die eine oder andere Idee in ihre praktische Arbeit einfließen lassen, würde uns das sehr freuen.

Wir wünschen in jedem Fall spannende Lektüre!

1.2 Literatur

Kluge, Friedrich (1995). Etymologisches Wörterbuch der deutschen Sprache (23., erweiterte Auflage). Berlin, New York.

Neimeyer, Robert A.; Harris, Darcy L.; Winokuer, Howard R.; Thornton, Gordon F. (2011). Grief and Bereavement in Contemporary Society. Bridging Research and Practice. New York, London.

2 Was passieren kann, wenn die Trauer nicht den gesellschaftlichen Normen entspricht

Menschliches Zusammenleben kennt eine riesige Vielfalt an Regeln und Normen. Dazu gehören beispielsweise Spielregeln, wie die beim »Mensch ärgere Dich nicht«, oder auch sogenannte Vernunftregeln. Hierbei handelt es sich eher um lose Vorgaben, die viele Menschen einhalten, weil sie sich als sehr nützlich erwiesen haben. So ist es schlichtweg klug, beispielsweise die Schraube mit einem Schraubenzieher festzuziehen oder den Tee mit heißem anstatt mit kaltem Wasser aufzubrühen. Eine weitere Art der Regeln stellen die sozialen Normen dar. Sie lassen sich in Konventionen, rechtliche und moralische Normen einteilen (Tugendhat, 1993). Ihr Merkmal besteht darin, dass Menschen, wenn sie ihnen zuwiderhandeln, Sanktionen erfahren. Wer beispielsweise eine rote Ampel überfährt, verletzt eine Gesetzesnorm und kann dafür rechtlich bestraft werden. Einem Erwachsenen, der sich beim Gähnen nicht die Hand vor den Mund hält, drohen sicherlich keine rechtlichen Folgen, doch möglicherweise erntet er von den Anwesenden einen schiefen Blick, denn er hat eine Konvention verletzt. Soziale Verhaltensregeln gibt es für alle Lebensbereiche. Das betrifft auch die Bereiche Sterben, Tod und Trauer. Im Jahr 1997 schrieb Paul Rosenblatt, er kenne keine Gesellschaft, in der die Trauerreaktionen nicht zum Wohl aller reguliert werden (Rosenblatt, 1997, S. 36).

Oft wird Trauer nur als ein individuelles Empfinden, als ein persönliches Vermögen und als eine private Angelegenheit dargestellt. Entsprechend scheint es, als könnten Betroffene ungeachtet ihrer Kultur, ihrer sozialen Umgebung oder gesellschaftlicher Regeln ganz frei auf ihre Art und Weise trauern. Doch der Einfluss, den soziale Normen auf die Verlustreaktionen und den Verarbeitungsprozess haben, ist größer, als viele Menschen denken.

Jede Gesellschaft weiß, was sie unter »richtiger« Trauer zu verstehen hat. Also, welche Reaktionen, Gefühle, Gedanken, Verhaltensweisen bei welchem Verlust angemessen sind und erwartet werden können. Natürlich können die Vorstellungen innerhalb der Bevölkerung variieren, doch ein Kern gemeinsamer Überzeugungen ist immer vorhanden. So wird in Deutschland kaum jemand davon ausgehen, dass es eine schwere Sünde darstellt, in den ersten sechzig Tagen nach dem Verlust eines Kindes zu weinen, wie es in den armen nordöstlichen Gegenden Brasiliens der Fall ist (Walter, 1999, S. 120), oder dass es zur Trauer dazu gehört, sich selbst körperlich zu verletzen (Rosenblatt, 1997, S. 35). Viel eher wird man hierzulande davon ausgehen, dass Menschen, je nachdem, wer verstorben ist, bedrückt und niedergeschlagen sind, weinen und mit der Zeit den Verlust verarbeiten.

Hinterbliebene erfahren aber auch, dass es gesetzlich festgeschriebene Regeln bezüglich ihrer Situation gibt. Auch diese können Einfluss auf die Bewältigung eines Verlustes haben. Gesetzliche Regelungen legen fest, wer den Nachlass des Verstorbenen erbt. In Tarifverträgen oder Betriebsvereinbarungen lässt sich oft nachlesen, in welchen Trauerfällen ein Arbeitnehmer sich wie viel Zeit freinehmen darf. Gesetze regeln auch, wer das Recht oder die Pflicht hat, für die Bestattung des Verstorbenen zu sorgen und zu bezahlen. Bei aus rechtlicher Sicht informellen Beziehungen kann es geschehen, dass Betroffenen die Situation regelrecht aus der Hand genommen wird. So kann es sein, dass statt der langjährigen, aber nicht verheirateten Lebensgefährtin eines Mannes dessen Eltern über Bestattungsform, Friedhof und Trauerfeier entscheiden und über den Nachlass verfügen. Rein rechtlich ist das korrekt, kann aber die Partnerin erheblich belasten. Viele der Trauerregeln sind jedoch nicht nachlesbar, sondern werden von den Menschen im Laufe des Lebens erlernt.

Jede Gesellschaft braucht eine solche Basis von geteilten Überzeugungen und Erwartungen, um miteinander auszukommen

(Schäfers, 2008, S. 24). Soziale Normen, auch Trauerregeln, sind wichtig für das Zusammenleben von Menschen. Sie schaffen Sicherheit und dienen der Orientierung. In der Regel werden die gesellschaftlichen Vorstellungen zum Thema Trauer als unproblematisch erlebt. Selbst dann, wenn Betroffene hin und wieder in Konflikt damit geraten. Wenn jedoch Kritik und Unverständnis verstärkt zu Selbstzweifeln und sozialer Isolation führen, dann kann diese Situation für Hinterbliebene sehr belastend sein.

2.1 Ein neues Konzept: Disenfranchised grief

In den frühen 1980er Jahren begann sich Kenneth J. Doka, ein führender US-amerikanischer Trauerexperte, für die Situation von Hinterbliebenen zu interessieren, deren soziales Umfeld ihnen signalisierte, dass ihr Verlust oder ihre Reaktionen darauf nicht den gesellschaftlichen Vorstellungen entsprechen.

Dokas Interesse wurde geweckt, als er in einem Seminar über die Situation von verwitweten Frauen sprach. Eine Frau meldete sich und sagte: »Wenn Sie meinen, dass Witwen es schwer haben, dann sollten Sie mal sehen, wie es ist, wenn Ihr Ex-Ehepartner stirbt[5]« (Doka, 2008, S. 223). Sie berichtete von einer schmerzhaften Trennung, nachdem der Ehemann ein Verhältnis mit ihrer Freundin begonnen hatte. Zwei Jahre nach der Scheidung starb er an Krebs. Sie erzählte, wie wenig Verständnis sie für ihre Trauer und ihre ambivalenten Gefühle in ihrem sozialen Umfeld fand. Sie war doch geschieden, warum sollte sie da um ihn trauern? Geschah es dem Mann nicht sogar recht, nachdem, was er ihr angetan hatte?

Diese Geschichte beeindruckte Doka sehr und er begann sich systematischer für jene Menschen zu interessieren, die in ihrer Verlustsituation weniger anerkannt werden. 1989 veröffentlichte er sein erstes Buch zu diesem Thema und nannte das Phänomen

---

5 Alle englischsprachigen Zitate wurden von den Autorinnen ins Deutsche übersetzt.

»Disenfranchised grief«. Unter dem Begriff verstand er kurzgefasst: »Obwohl eine Person Trauerreaktionen durchlebt, hat sie aus Sicht des sozialen Umfeldes kein Recht zu trauern und keinen Anspruch auf Mitgefühl oder soziale Unterstützung« (Doka, 2008, S. 224). Seine Ausführungen wurden von Wissenschaftlern wie auch von Praktikern mit offenen Armen aufgenommen, weil sie deutlich machten, wie eine Gesellschaft Einfluss auf die Trauer nimmt. Über die Jahre hinweg wurde das Konzept stetig weiterentwickelt, der Name indes blieb.

Im Deutschen wird der Begriff »Disenfranchised grief« häufig mit »entrechteter Trauer«, »nicht gesehener Trauer« (Metz und Bürgi, 2014), »aberkannter Trauer« (Paul, 2011) oder auch »sozial nicht anerkannter Trauer«[6] übersetzt. Teilweise werden diese Übersetzungen auch synonym verwendet. Auf den ersten Blick erscheinen die deutschen Begriffe fachlich gesehen mehr oder weniger korrekt. Sie stellen im Wesentlichen die wortwörtliche oder etwas weiter gefasste Übersetzung der englischen Bezeichnung dar. Doch sowohl der englische Begriff als auch die deutschen Übersetzungen enthalten einen Dualismus, der mittlerweile kritisch hinterfragt wird. Denn »to disenfranchise«[7] bedeutet, dass jemandem ein Recht aberkannt beziehungsweise entzogen wird, wie beispielsweise das Wahlrecht. Es gibt also nur zwei Möglichkeiten: Entweder hat jemand das Recht oder er hat es nicht.

In Bezug auf Trauer spiegelt ein solcher Dualismus die Situation der Betroffenen jedoch nicht angemessen wider. Es ist nicht so, dass Menschen das »Recht auf ihre Trauer« vollständig und von allen zugestanden oder nicht zugestanden wird. Stirbt eine Person, so überlegen Menschen vielmehr, in welchem Umfang jemand wohl von einem Verlust betroffen ist und welche Reaktionen sie erwarten können. Daraus leiten sie ab, welches Maß an Mitgefühl und Zuwen-

---

[6] http://www.gute-trauer.de/inhalt/trauer/nicht_anerkannte_trauer; Zugriff am 10.12.2014.

[7] Auf Deutsch: entrechtet (http://www.dict.cc/?s=disenfranchise; Zugriff am 12.12.2014).

dung ihnen richtig erscheint. Folglich ist es kaum so, dass Betroffene in ihrer Trauer entweder anerkannt oder nicht anerkannt, gesehen oder nicht gesehen werden; ihnen das Recht auf Trauer zugestanden wird oder sie entrechtet werden. Es geht nicht um ein Ja oder Nein. Das soziale Umfeld reagiert vielmehr sehr verschieden. Jeder wägt ab und jedem erscheint ein anderes Maß an Trauer und Unterstützung gerechtfertigt. Robson und Walter (2012) erkannten das als Schwachpunkt in Dokas Konzept. Denn Normen kennen kein Entweder-oder. Auch sie beinhalten ein Mehr-oder-Weniger (Schäfers, 2008, S. 32).

Zudem entsteht durch die Verwendung des Begriffes »disenfranchise« im Zusammenhang mit Trauer und Normen der Eindruck, Trauerregeln seien grundsätzlich etwas Schlechtes. Doch dem ist nicht so, eine Gesellschaft braucht Trauerregeln (Robson und Walter, 2012, S. 101).

Die kritischen Überlegungen von Robson und Walter (2012) scheinen gerechtfertigt. Bis heute gibt es leider noch keine fachlich korrekte Alternative zum Begriff »Disenfranchised grief«. Aus diesem Grund werden auch wir ihn in diesem Text weiter verwenden. Wir verzichten allerdings auf eine Übersetzung ins Deutsche, da die Kritik an dem Begriff nur mit dem englischen Ausdruck verknüpft ist.

2.2 Welche Kategorien gibt es?

Menschen können im Fall eines Verlustes den Eindruck entwickeln, ihr Leiden werde von anderen zu wenig anerkannt. Doka (2008) teilt die Gründe, die zu diesem Eindruck führen können, in fünf Kategorien ein.

Die Beziehung wird bewertet
Es gibt Beziehungen, die rufen bei einigen Menschen Missfallen hervor. Dazu können zum Beispiel geheimgehaltene Liebesbeziehungen, gleichgeschlechtliche Partnerschaften oder auch Partnerschaften ohne Trauschein zählen. Erleben Menschen, die eine sol-

che Beziehung führen, den Verlust ihres Partners, dann kann es ihnen passieren, dass ihr Leid weniger respektiert wird, weil schon die Beziehung weniger akzeptiert war.

In anderen Fällen sind sich die Menschen gar nicht darüber bewusst, dass eine bestehende Beziehung so eng und intensiv war. So wird oft angenommen, dass beispielsweise Ärzte oder Pflegekräfte, aber auch Stief- und Pflegeeltern nicht allzu stark unter dem Verlust eines Patienten oder Angehörigen leiden, und ihrer Trauer wird entsprechend weniger Beachtung geschenkt.

Gleiches kann auch geschiedenen Ehepartnern widerfahren. Bei ihnen wird im Umfeld häufig davon ausgegangen, dass der hinterbliebene Teil der ehemaligen Partnerschaft wenig Grund zur Trauer haben könne oder dürfe. Schließlich sei die Beziehung ja aufgelöst worden.

Der Verlust wird bewertet

Menschen wird häufig ein geringeres Maß an Trauer zugestanden, wenn das Umfeld der Meinung ist, dass der Verlust nicht besonders schwerwiegend sein könne. Das findet sich zum Beispiel bei Eltern, die ein Kind durch Fehl- oder Totgeburt, aber auch durch einen Schwangerschaftsabbruch verloren haben. Ähnliches kann auch beim Tod eines sehr alten Menschen oder beim Tod eines Wachkomapatienten geschehen. Wenig schlimm erscheint vielen auch der Tod eines Haustieres. Menschen, die dennoch intensiv auf einen solchen Verlust reagieren, sind häufig damit konfrontiert, dass ihre Reaktionen als überzogen oder neurotisch abgetan werden. Manchmal wird im Nachhinein auch die Art der Bindung als unnormal und krankhaft abgewertet.

Die Betroffenen werden bewertet

Von bestimmten Menschen wird angenommen, sie seien aufgrund ihres geistigen Vermögens kaum fähig zu trauern. Häufig betrifft dies Kinder, sehr alte Menschen, aber auch Personen mit geistiger Behinderung. Es wird unterstellt, dass sie kaum begreifen würden, was geschehen ist, und daher auch den Verlust als wenig schmerzhaft erlebten. In anderen Fällen wird unterstellt, dass bestimmte Erfahrungen, wie zum Beispiel die Teilnahme an der Beerdigung, ihre Verarbeitungsmöglichkeiten überfordern würden und man sie deshalb zu ihrem eigenen Schutz besser davon ausschließen müsse.

Die Todesumstände werden bewertet
Manchmal sind es auch die besonderen Umstände eines Todesfalls, die dazu führen, dass Hinterbliebenen weniger Mitgefühl und Unterstützung entgegengebracht wird. Diese Erfahrung machen teilweise Personen, deren Angehöriger durch einen Suizid, eine Überdosis Drogen oder infolge einer stigmatisierten Krankheit, wie zum Beispiel Aids, gestorben ist. Verständnis und Mitgefühl scheinen daran gekoppelt zu sein, dass Verstorbene und Hinterbliebene frei sind vom Vorwurf, den Tod irgendwie selbst oder mitverschuldet zu haben. Besonders deutlich tritt der Zusammenhang zwischen Schuldvorwurf und Mitgefühl zutage, wenn der Verstorbene als Gewaltverbrecher, zum Beispiel als Amokläufer, zu Tode kam.

Rando (1993) geht noch einen Schritt weiter. Sie geht davon aus, dass all die Todesumstände, die Angst oder Verlegenheit erzeugen (zum Beispiel Verlust eines Kindes, autoerotisches Ersticken), Anlass dafür sein können, sich weniger um einen Trauernden zu kümmern.

Der persönliche Trauerstil wird bewertet
Auch Menschen, die von all den genannten Kriterien nicht betroffen sind, können in die Situation geraten, weniger Verständnis und Mitgefühl von ihrer Umgebung zu erhalten. Und zwar dann, wenn ihre Art zu trauern nicht den Erwartungen anderer entspricht. Wenn sie zum Beispiel ihre Gefühle zurückhalten, vom Umfeld jedoch Gefühlsausdruck erwartet wird. Oder wenn sie ihren Gefühlen Aus-

druck verleihen, vom Umfeld jedoch erwartet wird, dass sie Haltung bewahren. Doka weist an diesem Punkt auch auf die Trauerfachkräfte hin. Ein Teil richtet ihren Blick zu einseitig nur auf die emotionalen Trauerreaktionen (Doka, 2008, S. 233). Zeigen Betroffene zum Beispiel überwiegend körperliche Reaktionen und kaum Gefühle, reagieren viele skeptisch. Dann kann es vorkommen, dass eine Fachkraft die Trauer als »nicht ganz richtig« ansieht, vielleicht sogar von Verdrängung spricht. Auch hierdurch kann bei Betroffenen das Gefühl entstehen, seine Trauer würde wenig respektiert.

Alle fünf Kategorien sollen versinnbildlichen, dass es mehr als einen Weg gibt, die zum Auftreten von Disenfranchised grief führen können (Doka, 2008, S. 233). In diesem Zusammenhang verweist Doka auf Charles A. Corr (2002). Dieser vertritt die Meinung, dass nicht nur Beziehungen, Todesumstände, der Verlust oder Trauernde selbst und die Art zu trauern Gründe für unzureichende Anerkennung liefern können. Er betrachtet auch den Verarbeitungsprozess und benennt drei weitere Aspekte, warum es Betroffenen an Zuwendung mangeln kann.

1. Die Trauerreaktionen, die jemand erlebt, werden in Frage gestellt. So bekommen Trauernde oft zu hören: »Ich kann ja verstehen, dass du dich schlecht fühlst, weil deine Mutter gestorben ist. Das darf dich ruhig traurig machen. Aber du musst jetzt mal wieder etwas essen und schlafen. Das geht wirklich nicht.« An diesem Beispiel wird deutlich, dass das Gefühl, traurig zu sein, respektiert wird, die Schlaflosigkeit und der fehlende Appetit aber als inakzeptabel angesehen werden. Gleiches kann auch in Bezug auf Gedanken, Gefühle und Handlungen passieren. Dabei haben sich Betroffene ihre Reaktionen kaum ausgesucht, sie zeigen sich und sind Teil ihres Trauererlebens.

Manchmal ist es auch die unsachgemäße Verwendung von Wörtern, die Trauernden suggeriert, sie würden etwas Inakzeptables erleben. Corr verweist in diesem Zusammenhang auf das Wort »Symptome« (Corr, 2002, S. 48). Oft wird Trauernden erklärt, welche Symptome bei einem Verlustfall auftreten können. Unabhängig davon, ob es sich um normale oder Komplizierte Trauer[8] handelt. Im Zusammenhang mit normaler Trauer aber von Symptomen zu sprechen, kann bei Trauernden dazu führen, dass sie meinen, sie würden etwas Unnormales, Krankhaftes erleben und seien behandlungsbedürftig. Um deutlich zu machen, dass Trauer eine natürliche und normale Reaktion auf einen Verlust ist, sollte daher besser von Reaktionen/Reaktionsweisen oder Erscheinungsformen gesprochen werden.

2. Wenn Menschen einen Verlust erleiden, werden sie um eine Erfahrung reicher. Und wie alle Erfahrungen, die Menschen machen, muss auch diese verarbeitet werden. Häufig bekommt das Umfeld gar nicht mit, wie schwer der Umgang mit dem Verlust für viele ist und wie wichtig bestimmte Aspekte für die Verarbeitung sind. Manchmal bekommen Betroffene beispielsweise gesagt: »Denk nicht mehr über den Unfall nach. Das macht sie auch nicht wieder lebendig.« Doch für viele ist es wichtig, sich mit den Details zu befassen, um zu realisieren, was passiert ist. An anderer Stelle hören Hinterbliebene aber auch Sätze wie: »Lass alles hinter dir. Schau nach vorn.« Doch die Betroffenen können einen geliebten Menschen oft nicht schnell hinter sich lassen und über die Verlusterfahrung einfach so hinweggehen. Schätzen Menschen die Aspekte, die einem Betroffenen bei der Verarbeitung der Erfahrung wichtig sind, anders ein als dieser selbst, kann es auch zum Auftreten des Phänomens Disenfranchised grief führen (Corr, 2002, S. 50).

Das betrifft auch das Thema Abschiednehmen, zum Beispiel bei Beerdigungen. So wird einigen Menschen davon abgeraten, an Beerdigungen teilzunehmen. Andere wiederum können für

---

8   Im Englischen gibt es keine einheitliche Bezeichnung für das, was passiert, wenn die Trauer »etwas aus dem Ruder läuft«. Oft wird es als »Komplizierte Trauer« (zum Beispiel Stroebe et al., 2013) bezeichnet. An anderer Stelle wird dies auch als »traumatic grief«, »prolonged grief«, »persistent complex bereavement disorder« (PCBD) bezeichnet, meint aber das gleiche Phänomen (Robinaugh et al., 2014). Damit es nicht zu inhaltlichen oder sprachlichen Verwirrungen im Deutschen kommt, sprechen wir nur von Komplizierter Trauer.

sich persönlich keinen Sinn darin erkennen und bleiben deshalb fern. Doch Abschiedsrituale, egal ob alt oder neu, beinhalten viele Funktionen, unter anderem haben sie eine soziale Funktion (Doka, 2012, S. 341). Denn schon durch seine Anwesenheit erkennt jemand in dem Moment den Verlust und die Trauer einer Person an und gesteht ihr die Rolle als Trauernder zu.

3. Im Zusammenhang mit einem Verlust werden viele Anforderungen an Trauernde gestellt, insbesondere was die Verarbeitung anbelangt (Attig, 2004, S. 206). So bewerten einige Personen die Anstrengungen von Betroffenen negativ, wenn diese ihnen zum Beispiel zu lang trauern, ihre Verbindung zum Verstorbenen nicht lösen beziehungsweise eine ihrer Meinung nach inakzeptable Art der Verbindung aufrechterhalten, weiterhin stark leiden, sich einfach nicht erholen (wollen) oder nicht an der Erfahrung wachsen. Die gesamte Verlustverarbeitung umgibt eine Reihe von Vorstellungen, wie diese auszusehen und was an deren Ende zu stehen hat. Entsprechen die Vorstellungen nicht denen anderer, so laufen Betroffene Gefahr, auch in diesem Aspekt weniger Anerkennung zu finden.

Corr ist der Meinung, dass grundsätzlich alle Aspekte eines Verlustes und der Trauer bei anderen Menschen Missfallen auslösen können (Corr, 2002, S. 57). Im Umkehrschluss kann somit mangelnde Anerkennung grundsätzlich jeden treffen.

2.3 Wenn die eigenen Vorstellungen zum Problem werden

In den bisherigen Ausführungen war fast ausschließlich davon die Rede, dass Betroffene von außen, also durch andere Menschen, Einschränkungen erfahren, weil ihre Trauer nicht den gesellschaftlichen Vorstellungen entspricht. Doch auch die Betroffenen selbst sind nicht frei von bestimmten sozial erlernten Annahmen und Regeln über Trauer. Und dies führt dazu, dass sie diese entsprechend auf sich selbst anwenden. Auch ohne Einwirkung von außen gestehen sie sich möglicherweise selbst nur in geringem Maße zu, trauern zu dürfen (Kauffman, 2002, S. 61). Sie regulieren sich also selbst. Für solche Fälle gibt es zahlreiche Gründe. So kann es beispielsweise vorkommen, dass Betroffene Sanktionen von außen erwarten und diese vorwegnehmen wollen.

Im Extremfall kann es dazu kommen, dass Betroffene ihr Leiden gar nicht mit einem Verlust in Verbindung bringen. Besonders deutlich wird dies am Beispiel einer Frau, die sich für einen Schwangerschaftsabbruch entschieden hat und danach sehr darunter litt. Sie selbst war der Meinung, sie habe gar keinen »wirklichen« Verlust erlitten, weil es ja ihre eigene Entscheidung war und sie auch kein Kind haben wollte. Als Folge sah sie auch keinen Grund zu trauern. Ihr Leiden konnte sie sich selbst nicht erklären. Und auch ihr Umfeld konnte sie nicht unterstützen, weil es keine Kenntnis von ihrem Verlust hatte.

Häufig ist Scham der Grund, weshalb Menschen sich in ihrer Trauer zurücknehmen (Kauffman, 2002 S. 63). Niemand erlebt dieses Gefühl gern. Deshalb reagieren die meisten Menschen auch auf die Regulierungsmaßnahmen von außen und halten sich zukünftig zurück. Einige versuchen das Aufkommen des Gefühls schon von vornherein zu vermeiden. Sie sprechen nur wenig über ihre Trauer oder lassen Teile ihrer Trauergeschichte einfach aus. Entweder weil sie sich tatsächlich dafür schämen oder weil sie annehmen, dass sie sich dafür schämen müssten.

2.4 Wer leidet mehr, wer leidet weniger?

Das Konzept Disenfranchised grief hat bei Fachkräften und Wissenschaftlern großen Anklang gefunden. Doch es gibt auch einige kritische Anmerkungen, die für den Umgang und die Arbeit mit Trauernden ganz wesentlich sind. So stellten Robson und Walter (2012) anschaulich dar, dass sich Menschen in Verlustfällen überlegen, wer wohl am meisten und wer weniger unter der Situation leidet. Für die Meinungsbildung spielen neben den sozialen Normen auch die eigenen Verlusterfahrungen und die Nachvollziehbarkeit bestimmter sozialer Beziehungen eine Rolle. Alle Informationen werden zusammengefügt und im Geiste entsteht eine Hierarchie aus mehr oder weniger stark betroffenen Hinterbliebenen. Robson und Walter nennen dies eine Verlusthierarchie (vgl. Abbildung 1). Verlusthierarchien können sich stark voneinander unterscheiden, auch wenn sie den gleichen Verlust betreffen.

größte Trauer	Ehepartner	primäre Bindungsperson
	Elternteil	primär, blutsverwandt
	Kind	primär, blutsverwandt
	Geschwister	primär, blutsverwandt
	Großelternteil	sekundär, blutsverwandt
	Enkelkind	sekundär, blutsverwandt
	bester Freund/beste Freundin	nicht verwandt
	Schwiegersohn/Schwiegertochter	angeheiratete Verwandtschaft
	Tante/Onkel/Cousin/Cousine	entfernter, sekundär (bluts-)verwandt
	Schwager/Schwägerin	angeheiratete Verwandtschaft
	Pateneltern	Wahlverwandtschaft
	Nachbar	nicht verwandt
geringste Trauer	Stiefeltern/Stiefgeschwister	Wahlverwandtschaft
	Arbeitskollegen	nicht verwandt
	vertragliche und berufliche Kontakte	nicht verwandt

Abbildung 1: Allgemeines Muster einer Verlusthierarchie
Quelle: Robson und Walter, 2012

Empfindet ein Hinterbliebener die ihm zugewiesene Position in einer Verlusthierarchie als stimmig, wird er sich in seiner Trauer anerkannt fühlen. Wird seine Position jedoch von einer anderen Person niedriger eingeschätzt, als er es für sich selbst wahrnimmt, wird er sich in seiner Trauer weniger anerkannt sehen. Die erwachsene

Schwester eines Verstorbenen beschreibt in diesem Zusammenhang, wie irritierend sie es findet, von Bekannten nur gefragt zu werden, wie es den Eltern mit dem Verlust gehe. »Nahezu niemand hat mich gefragt oder fragt mich heute: Wie ist es für dich, einen Bruder verloren zu haben? Das ist schon seltsam« (Weggemans, 2005, S. 128).

Es kann also für Betroffene Folgen haben, wenn für sie wichtige Personen ihren Verlust als weniger schlimm erachten als sie selbst. Doch eine Gesellschaft kommt nicht darum herum, Verlusthierarchien zu bilden (Robson und Walter, 2012, S. 111). Eine völlige Gleichstellung aller Verlustsituationen ist gesellschaftlich nicht umsetzbar. Trauer braucht soziale Regulierung, damit kein gesellschaftliches Chaos entsteht. Denn was würde beispielsweise geschehen, wenn die Geliebte sich bei der Trauerfeier neben die Ehefrau stellen würde, um Beileidsbekundungen anzunehmen?

Die Wirklichkeit ist komplex. Wenn Menschen Trauernde unterstützen möchten, dann müssen sie dieser Komplexität Rechnung tragen und sich das gesamte soziale Umfeld gemeinsam mit den Betroffenen anschauen. Dabei können einfache Fragen danach, wer ihnen hilft und wie diese Hilfe aussieht beziehungsweise wer dies nicht tut und wie sich die mangelnde Anerkennung äußert, wichtige Informationen liefern, um die Situation von Betroffenen richtig einschätzen zu können.

2.5 Die Situation der Betroffenen

Die Situation für Betroffene von Disenfranchised grief ist paradox (Doka, 2008, S. 234). Ihnen können durch den Mangel an Anerkennung zusätzliche Probleme entstehen. Gleichzeitig kann dieser Mangel an Anerkennung aber auch die Ressourcen zur Lösung der Schwierigkeiten minimieren. Das kann die Trauerreaktionen grundsätzlich verstärken, aber auch Wut, Ärger und Hilflosigkeit hervorrufen.

Vielen Menschen in einer solchen Situation ist es grundsätzlich weniger möglich, Unterstützung und Mitgefühl zu generieren.

Ihnen wird zudem meist nur eine verkürzte Schonzeit zugestanden. In bestimmten Fällen können Betroffene auch nicht auf traditionelle Hilfsquellen (zum Beispiel die Religion) zurückgreifen, um Trost zu finden (Doka, 2008, S. 235). Denn auch diese erkennen nicht alle Todesumstände (zum Beispiel die Selbsttötung) oder sexuellen Orientierungen (zum Beispiel Homosexualität) an.

Im Vergleich zu Betroffenen, deren Trauer sozial weitgehend respektiert wird, können es Menschen, die unter Disenfranchised grief leiden, schwerer haben, den Verlust zu bewältigen. Denn ihr Empfinden und Verhalten werden grundsätzlich in Frage gestellt, oft nicht nur durch die Umwelt, sondern auch durch sie selbst. Das erhöht die Verunsicherung. Scham und Schulderleben werden angeregt. Vor allem aber wird das Selbstvertrauen in die eigenen Bewältigungskompetenzen untergraben (Attig, 2004, S. 206). Stattdessen können durch die Versuche, das Verhalten zu regulieren, zusätzliche Konflikte und Verluste entstehen. In den Augen einiger Fachkräfte, zum Beispiel Rando (1993), stellt Disenfranchised grief einen Faktor dar, der zu einer Komplizierten Trauer beitragen kann.

2.6 Worauf Fachkräfte achten können

Fachkräfte sind im Rahmen ihrer Tätigkeit (mit Hinterbliebenen) auf mehreren Ebenen mit dem Konzept Disenfranchised grief konfrontiert.

Problembewusstsein

Fachkräften wie zum Beispiel Sozialarbeiter, die nicht explizit mit Hinterbliebenen arbeiten, kann das Konzept neue Arbeitsansätze bieten. Ihre Arbeit kann einen ganz neuen Fokus bekommen, wenn sie das Thema Verluste konkret ansprechen und stärker berücksichtigen. So kann es beispielsweise ganz wesentlich sein, bei einem als depressiv angekündigten Klienten nach einem zurückliegenden

Verlust zu fragen. Auch bei verhaltensauffälligen oder delinquenten Jugendlichen zeigen sich – bei gezielter Nachfrage – eklatant häufig bedeutsame Verluste (Viboch, 2005). Möglicherweise wurde diesen in der Vergangenheit zu wenig Bedeutung zugewiesen.

Empathiefähigkeit
Nicht selten werden auch Fachkräfte ungewollt zu Komplizen mangelnder Anerkennung von Verlusten, weil sie allgemein anerkannte Vorstellungen und Normen ungefragt teilen und anwenden. Dies kann ihre Fähigkeit beeinträchtigen, dem Klienten empathisch oder wertschätzend zu begegnen (zum Beispiel: »Es war doch nur ein Hund. Ich kann den Schmerz der Klientin nicht nachvollziehen«). Neimeyer und Jordan (2002) haben solch ein »empathisches Versagen« als typische Konsequenz von Disenfranchised grief beschrieben. Machen Fachkräfte in Gesprächen solche Erfahrungen, sollten sie diese ernst nehmen und gegebenenfalls durch Supervision klären.

Wissen
Personen, die im Bereich der Trauerberatung beziehungsweise Trauerbegleitung tätig sind, eignen sich zur Ausübung dieser Tätigkeit Fachwissen an. Über den Dialog mit den Medien oder Klienten findet dieses Fachwissen Eingang in die Gesellschaft. So können Experten auch neue Normen zum Thema Trauer schaffen. Es zeigt sich jedoch, dass Fachkräfte, obwohl in bester Absicht, Annahmen in ihre Tätigkeit einbringen, die für Betroffene wenig hilfreich sind (zum Beispiel: »Trauer verläuft in Phasen«; »Gefühle müssen immer ausgelebt werden«). Fachkräfte sind in diesem Zusammenhang dazu aufgefordert, ihr einmal erlerntes Fachwissen immer wieder auf dessen Aktualität hin zu überprüfen. Denn sonst können auch veraltete Vorstellungen Eingang in die Gesellschaft finden und zu einem Mangel an Anerkennung führen. Gerade in den letzten zwei Jahrzehnten hat sich das Wissen über Trauer enorm weiter-

entwickelt. Lange Zeit gültige Vorstellungen wurden abgelöst durch neue Modelle und Theorien, die komplexer sind, den individuellen Problemen der Betroffenen jedoch besser gerecht werden können.

Vokabular
Über Trauer wird häufig mit Hilfe eines psychologisch-medizinischen Vokabulars gesprochen und geschrieben. Zwar wird auch im Begleitungs- oder Beratungskontext immer wieder betont, Trauer ist keine Krankheit. Gleichzeitig wird jedoch im Zusammenhang mit normaler Trauer beispielsweise von »Symptomen« oder »Interventionen« gesprochen. Auch die Verwendung von Begriffen aus dem psychologisch-medizinischen Fachbereich kann bei Hinterbliebenen das Gefühl entstehen lassen, sie würden etwas Unnormales oder Krankhaftes erleben, was der Anerkennung ihrer ganz normalen Verlustsituation zuwiderläuft. Dazu können auch die Verhaltensweisen einer Fachkraft (zum Beispiel das Erteilen von Ratschlägen) beitragen, wenn diese bei Betroffenen das Gefühl von Bevormundung entstehen lassen oder das Selbstvertrauen der Klienten untergraben.

Beispiel: Zu Beginn einer Trauergruppenreihe äußerte die Teilnehmerin Frau M. die Bitte, bei den Treffen auf das Erteilen von Ratschlägen zu verzichten. Sie verwies darauf, dass allein der Begriff »Ratschlag« das Wort »Schlag« enthalte und sie gern auf Ratschläge verzichten würde. Diese erhalte sie schon zu Genüge von ihrem Umfeld. Außerdem, fügte sie an, entstehe bei ihr dann immer der Eindruck, die anderen trauten ihr nicht zu, selbst eine Lösung für ihr Problem zu finden. Die anderen Gruppenmitglieder nahmen den Hinweis sehr positiv auf. Die Gruppenteilnehmer einigten sich darauf, wenn jemand einen Rat haben wolle, so solle er diesen gezielt einfordern. Das galt selbstverständlich auch für die Gruppenleiterin.

2.7 Wie Fachkräfte helfen können

Die Trauer jedes Menschen ist einzigartig und wird ganz individuell erlebt. Dennoch leben Betroffene nicht in einem Vakuum. Sie sind mit sich selbst und ihren Vorstellungen konfrontiert, aber auch mit denen anderer Personen und Gruppen (zum Beispiel Familie, Freunde, Arbeitskollegen). Bei jeder Begegnung besteht grundsätzlich die Möglichkeit, dass bestimmte Facetten eines Verlustes und der Trauer nicht respektiert werden, sei es vom Umfeld oder vom Betroffenen selbst (Neimeyer und Jordan, 2002, S. 95). In gewissem Maße erleben das alle Trauernden, doch nicht für jeden entsteht daraus ein Problem.

Einschätzung der Situation
Wenden sich Betroffene jedoch mit diesem Problem an Fachkräfte, ist es wichtig, dass diese die Situation richtig einschätzen, um später angemessen auf die Schwierigkeiten des Klienten reagieren zu können. Aus diesem Grund erscheint es Neimeyer und Jordan (2002) zunächst entscheidend, folgende Informationen in Erfahrung zu bringen:

Wo im System fehlt es an Akzeptanz?
- Welche Personen aus dem Umfeld reagieren abwertend?
- Respektiert der Betroffene selbst einige Aspekte seines Verlustes beziehungsweise seiner Reaktionen nicht?
- Fühlt sich jemand vielleicht auch durch eine höhere Instanz, zum Beispiel Gott, bestraft?
- Reagiert die Öffentlichkeit insgesamt eher negativ? Das kann zum Beispiel der Fall sein, wenn ein Verlust große Aufmerksamkeit durch die Medien erhält.

Wissen Fachkräfte, ob die mangelnde Anerkennung intra- oder interpersonelle Gründe hat, dann hilft dieses Wissen, den richtigen Ansatz zur Bewältigung des Problems zu finden. In einigen Fällen liegen die Gründe sowohl bei der Person selbst als auch im Umfeld. Dann liegt es nahe, Prioritäten zu setzen, aber allen Bereichen Beachtung zu schenken.

Wer trägt zum Erhalt dieser Situation bei?

Häufig wird ganz automatisch angenommen, das soziale Umfeld sei schuld, wenn Trauernde sich allein gelassen fühlen. Doch liegen die Gründe nicht immer bei anderen. Auch die Betroffenen selbst können dazu beitragen, dass diese Situation entsteht und aufrechterhalten wird. Beispielsweise können einige Menschen besser um Hilfe bitten als andere. Sie denken nicht viel darüber nach, sondern bitten ganz direkt um Hilfe und erhalten diese auch, wenn sie sie brauchen. Dahingegen warten andere auf Hilfsangebote, weil sie annehmen, ihr Umfeld müsse ihre Notlage doch erkennen. Bei solcher Vorgehensweise kann es entsprechend häufiger zu Enttäuschungen kommen, weil keine Hilfe da ist, wenn jemand sie nötig hat. Die einseitige Fokussierung auf das soziale Umfeld trägt selten zur Entspannung der Situation von Betroffenen bei. Hilfreicher ist, alle Personen gleichermaßen in den Blick zu nehmen, um einen Weg aus der Lage heraus zu finden.

Welche Aspekte des Verlustes oder der Trauerreaktionen erfahren mangelnde Akzeptanz?

Trauernde erleben kaum, dass insgesamt alle Aspekte des Verlustes oder alle Reaktionen darauf Abwertung erfahren. Es gibt nicht die eine Gruppe von Betroffenen, deren Trauer nicht respektiert wird. Das wäre zu pauschal gedacht. Es ist viel eher so, dass meist Teilaspekte weniger Anerkennung erfahren. Auch hier ist ein differenzierter Blick nötig, um zu identifizieren, um welche Aspekte es sich dabei handelt.

Wann im Verlauf des Trauerprozesses wird
dieser mangelnde Respekt erlebt?

Betroffene erhalten im Verlauf der Zeit nicht immer das gleiche Maß an Unterstützung. In gewissen Momenten fällt sie größer aus, in anderen geringer. Das kann zahlreiche Gründe haben. So glauben viele Menschen beispielsweise, dass der Verarbeitungsprozess linear verläuft; die Belastung somit zu Beginn sehr hoch ist und der Betroffene entsprechend mehr Hilfe benötigt, aber mit der Zeit auch abnimmt und der Trauernde dann wieder gut allein zurechtkommt. Können sich Betroffene über die Gründe für das unterschiedliche Maß an Unterstützung ein Bild machen, dann erhöht das ihr Verständnis sich selbst und ihrem Umfeld gegenüber und hilft dabei, den Kontakt zu anderen aufrechtzuerhalten und nicht (stärker) in die Isolierung zu rutschen.

Methodische Empfehlungen

Neimeyer und Jordan (2002) betonen, die Themen, die Betroffene von Disenfranchised grief und davon nicht Betroffene bei der Verlustbewältigung bewegen, sind sich sehr ähnlich. Fachkräfte brauchen also für Klienten, die unter mangelnder Anerkennung leiden, keinen gänzlich neuen oder anderen methodischen Zugang, um die Problematik bearbeiten zu können. Aber auf der Basis eines differenzierten Verständnisses für die Entstehung und Aufrechterhaltung solcher Situationen können sie zielgerichtet Unterstützung anbieten.

Den Verlust benennen und die Trauer anerkennen

Einige Betroffene empfinden es schon als hilfreich, wenn die Fachkräfte der Situation einen konkreten Namen geben und ihnen das Phänomen erklären (Doka, 2008, S. 235). Andere empfinden es als entlastend, im Rahmen der Beratung, Begleitung oder Therapie eine Anerkennung ihres Verlustes erleben zu können (Doka, 2008, S. 235).

Einen Rahmen für Trauerrituale anbieten

Einige Personen, die unter Disenfranchised grief leiden, können nicht an den gesellschaftlichen Trauerritualen teilnehmen. Für sie kann es hilfreich sein, im Rahmen der Beratung, Begleitung oder Therapie eigene Rituale zu entwickeln und durchzuführen. Rituale können dabei helfen, die Realität des Verlustes anzuerkennen, Gefühle und Gedanken auszudrücken, die Verbindung zum Verstorbenen zu würdigen und dabei Unterstützung und Anerkennung zu erfahren (Doka, 2012, S. 341 f.).

Eine fortbestehende Bindung aufbauen

Einige Betroffene konnten im Rahmen ihrer Verlustbewältigung keine neue Verbindung zur verstorbenen Person aufbauen. Hier können Ansätze hilfreich sein, die dies auf imaginativer Ebene ermöglichen. Neimeyer und Jordan (2002) schlagen hierfür Verbalisierungstechniken (zum Beispiel die Zwei-Stuhl-Technik), aber auch narrative Übungen (zum Beispiel das Schreiben eines Briefes an den Verstorbenen) vor.[9]

Soziale Unterstützung fördern

In einigen Fällen führen unterschiedliche Bewältigungsstrategien und der Wunsch, die anderen nicht mit dem eigenen Leid belasten zu wollen, zu Sprachlosigkeit und Gefühlen von Isolation innerhalb von Paarbeziehungen und Familien. Hooghe (2012) schlägt für solche Fälle vor, über die Metakommunikation den Austausch untereinander zu fördern. Das heißt, sie lädt Paare und Familien dazu ein, darüber zu reflektieren, wann, warum und wie sie über den Verlust und ihre Reaktionen sprechen oder schweigen möchten.

Betrifft das Gefühl der Isolation das soziale Umfeld eines Betroffenen, kann eine von Doka und Neimeyer (2012) vorgeschlagene

---

9 Mehr dazu siehe Neimeyer und Jordan, 2002, S. 102 ff.; auch Neimeyer, 2012.

Übung hilfreich sein. Wenn ein ausreichend großes soziales Umfeld vorhanden ist, so laden sie dazu ein, diese Personen in vier Gruppen einzuteilen. 1. Nennung aller Personen, die bei praktischen Angelegenheiten (zum Beispiel Computerproblemen) helfen können und wollen. 2. Nennung aller Personen, die gut zuhören können. 3. Nennung aller Personen, mit denen jemand gut eine Auszeit von Trauer und Sorgen nehmen kann. 4. Nennung aller Personen, mit denen jemand lieber weniger Zeit verbringt, weil sie ihm nicht gut tun. Diese differenzierte Betrachtung des sozialen Umfeldes kann Betroffenen dabei helfen, genauer zu erkennen, wer aus ihrem Umfeld für sie da ist und welche Unterstützung sie von den verschiedenen Personen erwarten können.

Um die soziale Unterstützung zu fördern, sind auch grundsätzlich Übungen hilfreich, die das Selbstvertrauen und das Sicherheitsgefühl stärken. Das kann es Betroffenen unter anderem leichter machen, Bedürfnisse zu äußern beziehungsweise Angehörigen oder Freunden unerwünschte Verhaltensweisen konstruktiv zurückzumelden.

In Einzelfällen kann es auch wichtig sein, Betroffene dazu zu ermutigen, sich soziale Bezüge zu suchen, in denen eine Anerkennung ihres Verlustes zu erwarten ist, wie zum Beispiel eine Selbsthilfegruppe, die sich aus Gleichbetroffenen zusammensetzt.

Vorsicht

Ist die Situation der Betroffenen sehr komplex, das heißt, liegen zum Beispiel in einem Bereich mehrere, sich widerstreitende Gründe vor, dann ist es wesentlich, mehr Klarheit über die Ambivalenzen zu erhalten, um das Problem der mangelnden Akzeptanz überhaupt verstehen und auf eine Lösung hinwirken zu können (Neimeyer und Jordan, 2002, S. 112). Sind die Problemlagen sehr komplex und gehen mit einer starken psychischen Belastung einher, kann das Gruppen von Fachkräften, zum Beispiel Trauerbegleiter oder Trauerberater, überfordern. Sie sollten daher ihre Fähigkeiten realistisch einschätzen und im Zweifel einen Klienten lieber an einen qualifizierten psychologischen oder ärztlichen Psychotherapeuten weiterverweisen, damit ihm kein Schaden entsteht.

Unabhängig davon, ob die Ausgangssituation eher komplex oder einfach ist – Betroffene arbeiten hart dafür, um zu einer für sie zufriedenstellenden Situation zu gelangen. Daher ist die ehrliche Würdigung jeder ihrer Anstrengungen und Erfolge ebenso wichtig wie die richtige Einschätzung ihrer Situation oder die Auswahl einer passenden Methode.

2.8 Auf einen Blick

- Soziale Normen, auch Trauerregeln, sind wichtig für das Zusammenleben von Menschen.
- Nicht nur andere, auch die betroffene Person selbst kann ihren Verlust oder ihre Trauerreaktionen abwerten.
- Menschen bilden Verlusthierarchien.
- Alle Trauernden erleben, dass bestimmte Facetten ihres Verlustes und ihrer Trauer nicht respektiert werden, doch nicht für jeden entsteht daraus ein Problem.
- Betroffene profitieren nur dann von einer Maßnahme, wenn Fachkräfte ihre Situation richtig einschätzen.
- Fachkräfte brauchen für Klienten, die unter mangelnder Anerkennung leiden, keinen gänzlich neuen oder anderen methodischen Zugang.
- Kontinuierliche (Selbst-)Reflexion ist für Fachkräfte wichtig.

2.9 Literatur

Attig, Thomas (2004). Disenfranchised Grief Revisited: Discounting Hope and Love. OMEGA, 49, 3, S. 197–215.
Corr, Charles A. (2002). Revisiting the Concept of Disenfranchised Grief. In: Doka, Kenneth, J.: Disenfranchised Grief. New Directions, Challenges, and Strategies for Practice. Champaign.
Doka, Kenneth J. (2012). Therapeutic Ritual. In: Neimeyer, Robert A.: Techniques of Grief Therapy. Creative Practices for Counseling the Bereaved. New York, London.
Doka, Kenneth, J. (2008). Disenfranchised Grief in Historical and Cultural Perspective. In: Stroebe, Margaret S., Hansson, Robert O.; Schut, Henk; Stroebe, Wolfgang: Handbook of Bereavement Research and Practice. Advances in Theory and Intervention. Washington, London.
Doka, Kenneth, J. (2002). Disenfranchised Grief. New Directions, Challenges, and Strategies for Practice. Champaign.
Doka, Kenneth J.; Neimeyer, Robert A. (2012). Orchestrating Social Support. In: Neimeyer, Robert A.: Techniques of Grief Therapy. Creative Practices for Counseling the Bereaved. New York, London.
Hooghe, An (2012). Talking about Talking with Couples and Families. In: Neimeyer, Robert A.: Techniques of Grief Therapy. Creative Practices for Counseling the Bereaved. New York, London.
Kauffman, Jeffrey (2002). The Psychology of Disenfranchised Grief: Liberation, Shame, and Self-Disenfranchisement. In: Doka, Kenneth J.: Disenfranchised Grief. New Directions, Challenges, and Strategies for Practice. Champaign.
Metz, Christian; Bürgi, Dorothee (2014). Leid im Abseits. Aberkannte und nicht gesehene Trauer. Leidfaden, 3, 3.
Neimeyer, Robert A. (2012). Techniques of Grief Therapy. Creative Practices for Counseling the Bereaved. New York, London.
Neimeyer, Robert A.; Jordan, John R. (2002). Disenfranchisement as Empathic Failure: Grief Therapy and the Co-Construction of Meaning. In: Doka, Kenneth J.: Disenfranchised Grief. New Directions, Challenges, and Strategies for Practice. Champaign.
Paul, Chris (2011). Neue Wege in der Trauer- und Sterbebegleitung. Hintergründe und Erfahrungsberichte für die Praxis. Gütersloh, München.
Rando, Theresa A. (1993). Treatment of Complicated Mourning. Champaign.
Robinaugh, Donald J.; LeBlanc, Nicole J.; Vuletich, Heidi A.; McNally, Richard J. (2014). Network Analysis of Persistent Complex Bereavement Disorder in Conjugally Bereaved Adults. Journal of Abnormal Psychology, 123, 3, S. 510–522.
Robson, Patricia; Walter, Tony (2012). Hierarchies of Loss: A Critique of Disenfranchised Grief. OMEGA, 66, 2, S. 97–119.

Rosenblatt, Paul C. (1997). Grief in Small-scale Societies. In: Parkes, Colin Murray; Laungani, Pittu; Young, Bill: Death and Bereavement across Cultures. London, New York.

Schäfers, Bernhard (2008). Soziales Handeln und seine Grundlagen: Normen, Werte, Sinn. In: Korte, Hermann; Schäfers, Bernhard: Einführung in Hauptbegriffe der Soziologie. 7., grundlegend überarbeitete Auflage. Wiesbaden.

Stroebe, Margaret S.; Hansson, Robert O.; Schut, Henk; Stroebe, Wolfgang (2008). Handbook of Bereavement Research and Practice. Advances in Theory and Intervention. Washington, London.

Stroebe, Margaret S.; Schut, Henk; Van den Bout, Jan (2013). Complicated Grief. Scientific Foundation for Health Care Professionals. London, New York.

Tugenhat, Ernst (1993). Vorlesungen über Ethik. Frankfurt a. M.

Viboch, Marcy (2005). Childhood Loss and Behavioral Problems: Loosening the Links. New York.

Walter, Tony (1999). On Bereavement. The Culture of Grief. Maidenhead. Philadelphia.

Weggemans, Minke (2005). Geschwister Tod. Leben mit einem schweren Verlust. München.

3 Das Duale Prozessmodell der Bewältigung von Verlusterfahrungen (DPM)[10]

In der Hospiz-Zeitschrift aus dem Jahr 2012 findet sich ein Artikel, der in der Überschrift die Frage stellt: »Das Duale Trauerprozessmodell. Eine Chance für die deutsche Trauerbegleitung?« (Stry, 2012, S. 18). Die Autorin, eine Studentin der Sozialarbeit, beschreibt darin, wie sie während ihres Praktikums am St Christopher's Hospice in London immer wieder auf das Duale Prozessmodell stieß. Sie fand das sehr überraschend, denn trotz ihrer umfangreichen Aus- und Fortbildungen hatte sie in Deutschland noch nie etwas davon gehört.

Ihr Erstaunen wird verständlich, wenn man bedenkt, dass eine dauerhafte, systematische Trauerforschung in Deutschland kaum erkennbar ist (Wittkowski, 2013) und die Fortschritte der inter-

---

10 Diese Bezeichnung stellt die deutsche Übersetzung des Namens dar, den Stroebe und Schut dem Modell gaben: »The Dual Process Model of Coping with Bereavement« (Stroebe und Schut, 1999, S. 197). Die meisten Autoren verwenden diese oder eine sehr ähnliche Übersetzung. Doch an einigen Stellen finden sich auch deutschsprachige Bezeichnungen, die fragwürdig sind. Dazu zählt beispielsweise die Übersetzung »Das Modell des doppelten Prozesses in der Verlustbewältigung« (Paul, 2011, S. 46). Die Verwendung des Ausdrucks »doppelt« kann in diesem Zusammenhang irreführend sein. Denn er suggeriert, etwas würde mehrfach geschehen. Ein zentraler Baustein des Erklärungsmodells besteht aber daraus, dass etwas nicht mehrfach, sondern vielmehr zwischen zwei einander sich ausschließenden Richtungen abwechselnd erfolgt. Dies ist laut Stroebe und Schut ganz wesentlich für die Bewältigung von Verlusten. Damit es bei Lesern nicht zu falschen Vorstellungen kommt, schlagen wir in Anlehnung an andere Fachleute (zum Beispiel Znoj, 2004, Rosner et al., 2015) die Verwendung des Begriffs »Duales Prozessmodell der Bewältigung von Verlusterfahrungen« vor, kurz auch als DPM bezeichnet.

nationalen Trauerforschung hierzulande kaum wahrgenommen werden. Denn deren Beiträge erscheinen mehrheitlich in englischsprachigen Fachzeitschriften, die für deutschsprachige Fachkräfte schwerer zugänglich sind.

Auf diese Weise erklärt sich, warum in Deutschland noch neu ist, was in anderen Ländern weitgehend zum Standard der Trauerfortbildung beziehungsweise Beratungspraxis gehört. Und so wird auch begreifbar, warum der Beitrag der jungen Studentin zum DPM erst im Jahr 2012 erschien, also 13 Jahre nachdem Margaret Stroebe und Henk Schut von der Universität Utrecht in den Niederlanden das Modell in dem Fachmagazin »Death Studies« vorstellten[11] und damit in Fachkreisen auf große Resonanz stießen.

Seither wurde das DPM weltweit von zahlreichen Wissenschaftlern und Praktikern aufgegriffen. Es bereichert den Wissensstand im Zusammenhang mit vielen Aspekten der Trauer (zum Beispiel Gender, Continuing Bonds). Auf ihm aufbauend wurden Interventionsprogramme entwickelt und deren Wirksamkeit mit anderen Maßnahmen verglichen (zum Beispiel Shear et al., 2005). Genau genommen stellt das DPM aber kein grundsätzlich neues Modell dar, sondern eine weiterentwickelte Systematik (Stroebe und Schut, 2007, S. 394), die ältere Trauermodelle (wie zum Beispiel Phasen- und Aufgabenmodelle) ergänzt. Damit trägt es wesentlich zu einem besseren Verständnis von Trauerprozessen bei.

3.1 Ein wenig Geschichte: Die Idee der Trauerarbeit

Ende der 1990er Jahre beschäftigten sich Margaret Stroebe und Henk Schut mit der Frage: »Wie bewältigen Menschen den Verlust einer nahestehenden Person?« Sie wollten verstehen, welche Pro-

---

11 Der Titel des Artikels lautet: »The Dual Process Model of Coping with Bereavement: Rationale and Description« (Stroebe und Schut, 1999, S. 197). Übersetzt ins Deutsche: Das Duale Prozessmodell der Bewältigung von Verlusterfahrungen: Hintergründe und Beschreibung.

zesse, welche Strategien und welche Art des Umgangs mit der Verlustsituation für die Bewältigung hilfreich beziehungsweise welche Wege weniger geeignet sind und bei Betroffenen sogar zu gesundheitlichen Problemen führen können (Stroebe und Schut, 2008). Kurz gesagt, sie wollten begreifen, warum einige Menschen besser mit einem Verlust zurechtkommen als andere.

Sie sichteten hierfür die vorhandene Literatur und fanden in erster Linie die Aussage, Menschen müssten »Trauerarbeit« leisten. Trauerarbeit wurde definiert als »kognitiver Vorgang, bei dem sich Hinterbliebene mit dem Verlust auseinandersetzen, die Ereignisse vor, aber auch bei Eintritt des Todes durcharbeiten, sich mit Erinnerungen befassen und darauf hinarbeiten, sich vom Verstorbenen zu lösen« (Stroebe und Schut, 1999, S. 199). Menschen hätten sich also mit dem Verlust und all seinen schmerzhaften Gefühlen zu konfrontieren. Nur so würden sie diesen verarbeiten. Sollten sie dieses Durcharbeiten der Gefühle vermeiden, würde sich dies langfristig gesehen negativ auf ihre Gesundheit auswirken. Die Idee der Trauerarbeit geht zurück auf Freud (1946). Sie fand großen Anklang bei Wissenschaftlern und Fachkräften und wurde so zentraler Bestandteil vieler Erklärungsmodelle und Beratungs- beziehungsweise Therapiekonzepte. Zu den auch heute noch populärsten Erklärungsmodellen gehören die sogenannten Phasenmodelle (zum Beispiel Bowlby, 2006, Kast, 1999). Aber auch das Traueraufgabenmodell (Worden, 2011) dient immer noch vielen Fachkräften als Grundlage für ihre praktische Arbeit mit Trauernden. In allen Modellen stellt die Idee der Trauerarbeit eine zentrale Komponente dar, um einen Verlust »erfolgreich« bewältigen zu können.

So ist Bowlby der Überzeugung, dass Trauerarbeit in jeder der von ihm angenommenen vier Phasen (1. Betäubung, 2. Sehnsucht und Suchen, 3. Desorganisation und Verzweiflung, 4. Reorganisation) eines Trauerprozesses stattfinden müsse. Seiner Meinung nach dient sie dazu, den Verlust begreifbar zu machen und sich vom Verstorbenen zu lösen. Gleichzeitig ermöglicht die Trauerarbeit aber auch den Aufbau einer neuen Beziehung zum Verstorbenen, so dass nach und nach ein Leben ohne die verstorbene Person möglich wird. Die einzelnen Phasen lassen sich in Bowlbys Augen zwar nicht deutlich voneinander abgrenzen. Die Hinterbliebenen springen eher zwischen den einzelnen Phasen immer wieder hin und her, doch grundsätzlich ist eine Gesamtabfolge erkennbar (Bowlby, 2006, S. 86).

Phasenmodelle lassen den Eindruck entstehen, dass Betroffene diese Phasen eher passiv durchlaufen (Worden, 2011, S. 44). Diese Kritik hat Worden in seinem Modell der Traueraufgaben berücksichtigt und damit die Idee der Trauerarbeit noch deutlicher in den Mittelpunkt gestellt. Das Traueraufgabenmodell sieht keine Phasen mehr vor, sondern beschreibt vier Aufgaben, die Betroffene bearbeiten müssen, um einen Verlust bewältigen zu können. Kurz gefasst sind das folgende Aufgaben: 1. Den Verlust als Realität akzeptieren, 2. Den Schmerz verarbeiten, 3. Sich an eine Welt ohne die verstorbene Person anpassen, 4. Eine dauerhafte Verbindung zu der verstorbenen Person inmitten des Aufbruchs in ein neues Leben finden (Worden, 2011). Auch Worden weist darauf hin, dass die Aufgaben nicht in einer starren Abfolge bearbeitet werden müssen. Dennoch sieht er es als nicht unbedingt logisch an, wenn die Bearbeitung einer anderen Systematik folgen würde (Worden, 2011, S. 45).

Folglich ist die Idee der Trauerarbeit sowohl für die Phasenmodelle als auch für die Traueraufgabenmodelle von zentraler Bedeutung. Denn die Konfrontation mit dem Verlust beziehungsweise dem Verlustschmerz gilt als wesentlich für die Anpassung an ein Leben ohne den Verstorbenen. Eine Unterdrückung dieser Vorgänge wird hingegen als pathologisch angesehen, das heißt, sie gilt als Ursache für langfristig entstehende gesundheitliche Probleme.

3.2 Über die Idee der Trauerarbeit hinaus: Fünf Gründe für ein neues Trauermodell

Phasen-, aber auch Traueraufgabenmodelle stellen erste Erklärungsversuche für die Frage dar, wie Menschen den Verlust einer nahestehenden Person verarbeiten. Bei genauerer Betrachtung dessen, was Betroffene Tag für Tag erleben, erscheint die Idee der Trauerarbeit allerdings fragwürdig. Denn neuere Erkenntnisse weisen darauf hin, dass die Anpassung an einen Verlust mehr als nur die konfrontative Auseinandersetzung mit der Situation und den Gefühlen beinhaltet. Weiterhin lässt sich auf der Grundlage der älteren Modelle beziehungsweise der geleisteten Trauerarbeit kaum eine Aussage darüber treffen, ob jemand einen Verlust gut verarbeiten oder langfristig gesundheitliche Probleme bekommen wird. Um schwierige Verläufe aber schon frühzeitig erkennen zu können, wären Konzepte hilfreicher, anhand derer solche Aussagen möglich wären. Im Einzelnen führen Stroebe und Schut fünf Bedenken an, die sie hinsichtlich des Konstruktes »Trauerarbeit« haben.

1. Ein Weg unter vielen

Es gibt einige kulturspezifische Untersuchungen, die belegen, dass die Bewältigung eines Verlustes auch ganz anders aussehen kann, als dies das Konzept der Trauerarbeit vorsieht (Stroebe und Schut, 2010, S. 275). Auf der Welt gibt es viele Bevölkerungsgruppen, für die das bewusste Durcharbeiten von Emotionen und Gedanken kein Teil der Verlustverarbeitung ist. Dennoch passen sich auch diese Menschen gut an ein Leben ohne die verstorbene Person an. So sind den Samoanern viele der Reaktionen, die in den Industrienationen häufig vorkommen, gänzlich unbekannt. Sie passen sich sehr schnell und vergleichsweise einfach an Verluste an, selbst wenn die Todesumstände tragisch sind (Ablon, 1971).

2. Nicht passiv, vielmehr aktiv

Insbesondere die Phasenmodelle beschreiben die Verarbeitung eines Verlustes als einen Prozess, den Trauernde eher passiv erleiden (Stroebe und Schut, 2008, S. 5). Dabei wird vernachlässigt, dass Betroffene viele Strategien bewusst und aktiv einsetzen, um mit den Belastungen umzugehen, die durch den Verlust entstanden sind. Trauerprozesse sind aktive Vorgänge, auf die Betroffene Einfluss nehmen können.

3. Pausen einlegen

Die Auseinandersetzung mit einem Verlust kann sehr anstrengend und kraftraubend sein. Deshalb sind Pausen, in denen sie sich erholen können, für Betroffene sehr wichtig. Das Konzept der Trauerarbeit berücksichtigt jedoch kaum, wie wichtig es für die Verarbeitung ist, die Auseinandersetzung mit dem Verlust zu dosieren und damit bewusst Pausen von der Trauerarbeit zu nehmen (Stroebe und Schut, 2010, S. 275).

4. Vermeidung

Das Konzept der Trauerarbeit sieht vor, dass sich Hinterbliebene mit dem Verlust konfrontieren müssen. Darüber hinaus sollen Betroffene aber auch ihre Gefühle ausdrücken beziehungsweise aussprechen. Dies diene dazu, den Verlust nach und nach akzeptieren zu können, und sei hilfreich dabei, sich vom Verstorbenen zu lösen (Bonanno, 2007, S. 493). Aktuelle Erkenntnisse zeigen jedoch, dass es nicht entscheidend ist, ob jemand Gefühle ausdrückt oder unterdrückt (zum Beispiel Bonanno et al., 1995, Bonanno, 2007). Viel wichtiger ist, dass Betroffene situationsangemessen entscheiden und regulieren können, ob und wie sie ihre Gefühle ausdrücken möchten (Bonanno et al., 2004). Das Konzept der Trauerarbeit schenkt dieser positiven Wirkung von Vermeidung beziehungsweise Verleugnung zu wenig Beachtung (Stroebe und Schut, 2008, S. 5).

5. Andere Stressoren

Oft wird angenommen, allein der Tod einer wichtigen Bezugsperson würde Hinterbliebenen Stress bereiten. Doch können Betroffene bedingt durch einen Verlust auch andere Schwierigkeiten bekommen, wie zum Beispiel finanzielle Sorgen. Das heißt, Betroffene müssen sich nicht nur mit dem Verlust auseinandersetzen, sondern auch mit anderen, sogenannten sekundären Stressoren (Stroebe und Schut, 2008, S. 5).

Lange Zeit wurde angenommen, dass Menschen, die Trauerarbeit leisten, besser mit einem Verlust zurechtkämen als diejenigen, die es nicht tun. Dafür fehlt aber bis heute der empirische Beweis (Stroebe und Schut, 2008, S. 5). Vor dem Hintergrund der oben aufgeführten Punkte wird deutlich, dass das Konzept der Trauerarbeit viele Aspekte in der Verlustverarbeitung unberücksichtigt lässt. Für Stroebe und Schut war das Grund genug, ein Erklärungsmodell zu entwickeln, welches diese Gesichtspunkte integriert, um so zu einer angemesseneren Beschreibung von Trauerprozessen zu gelangen.

3.3 Das Duale Prozessmodell – Beschreibung

Für Betroffene und Fachkräfte ist es wichtig zu wissen, wie die Trauerprozesse bei der Mehrheit der Menschen verlaufen. So erst können zum Beispiel Annahmen darüber getroffen werden, welche Verarbeitungswege nicht gesundheitsförderlich sind (Stroebe und Schut, 2007). Phasen-, aber auch Traueraufgabenmodelle sind überwiegend im klinischen Kontext entstanden, beschreiben somit die Erfahrungen von nur wenigen Menschen, die aber psychisch besonders stark belastet waren. Das kann zu einseitigen Annahmen über Trauer führen. Das Duale Prozessmodell ist eine weitreichendere Systematik zur Beschreibung von Verlustprozessen. Es integriert viele theoretische Ansätze. Einige seiner wesentlichen Elemente basieren auf den Annahmen des transaktionalen Stressmodells[12] (Stroebe und Schut, 2010, S. 277). Dazu gehört zum Beispiel, dass schwierige Lebensereignisse (wie zum Beispiel der Tod einer Person, aber auch alltägliche Belastungen wie zum Beispiel Zeitdruck) bei Menschen Stress auslösen können. Wie sehr sich Menschen allerdings von einer Situation belastet fühlen, ist individuell unterschiedlich. Denn sie bewerten und bewältigen die Anforderungen, die das Ereignis an sie stellt, sehr verschieden.

---

12 Mehr dazu siehe Lazarus und Folkman, 1984; Folkman, 2007.

Zwei Kategorien von Stress

Im Unterschied zu anderen Erklärungsmodellen geht das DPM von zwei Kategorien aus, die bei Trauernden Stress auslösen können (Stroebe und Schut, 2010, S. 277). Beide Arten von Stressoren konkurrieren von Anfang an um die Aufmerksamkeit der Betroffenen. Sie können aber nicht gleichzeitig bewältigt werden. Das heißt, die Betroffenen können sich nur einer Kategorie von Stressoren zuwenden und müssen in dieser Zeit die Konfrontation mit den Belastungen der anderen Kategorie vermeiden.

Verlustbezogene Stressoren (Verlustorientiertes Verarbeiten)

Hinterbliebene haben im Alltag mit vielen Belastungsfaktoren zu tun. Dazu gehören zum einen die verlustbezogenen Stressoren. Diese haben unmittelbar mit dem Verlust und der Bindung an die verstorbene Person zu tun. Die Betroffenen werden sich mit diesen Stressoren auseinandersetzen müssen. Dabei kann das Leisten von Trauerarbeit hilfreich sein. Sie beinhaltet, dass sich Betroffene mit dem Verlust auseinandersetzen, weil sich zum Beispiel Erinnerungen, Gedanken, Gefühle aufdrängen, die mit dem Tod oder Ereignissen davor (beispielsweise einer langen Krankheit), zusammenhängen.

Wiederherstellungsbezogene Stressoren
(Wiederherstellungsorientiertes Bewältigen)

Zum anderen sind Hinterbliebene im Alltag auch anderen Stressoren ausgesetzt. Diese bezeichnen Stroebe und Schut auch als sekundäre Stressoren (Stroebe und Schut, 2010, S. 277). Das heißt, sie entstehen als Folge des Verlustes, sind aber nicht unmittelbar auf ihn oder die Bindung zum Verstorbenen bezogen. Diese Belastungen werden auch wiederherstellungsbezogene Stressoren genannt. Es sind Belastungen, die entstehen, weil das Leben weitergeht und jetzt ohne den Verstorbenen bewältigt werden muss. Dazu zählt zum Beispiel die Versorgung der Kinder als alleinerziehende Mutter, die

Bewältigung des häuslichen und beruflichen Lebens, die Regelung der finanziellen Situation, vielleicht sogar die Notwendigkeit, in eine andere, günstigere Wohnung umzuziehen.

Sowohl der Verlust als auch das neue, veränderte Leben können für Hinterbliebene belastend sein und Angst auslösen. In der Auseinandersetzung mit den Stressoren wenden Betroffene unterschiedliche Bewältigungsstrategien an.

Emotions- und problemorientierte Bewältigungsstrategien
Der Tod einer nahestehenden Person kann Hinterbliebene stark belasten. Um die heftigen Gefühle wie Angst oder Wut bewältigen zu können, wenden sie emotionsorientierte Strategien an. Problemorientierte Bewältigungsstrategien hingegen zielen darauf ab, die belastende Situation selbst zu verändern (Stroebe und Schut, 2010, S. 277).

Es ist davon auszugehen, dass Betroffene für beide Arten von Belastungen (Verlust – Verändertes Leben) sowohl emotions- als auch problemorientierte Bewältigungsstrategien einsetzen (Stroebe und Schut, 2010, S. 278). Das Aushalten von und der Umgang mit Gefühlen ist insbesondere in solchen Situationen wichtig, die sich nicht ändern lassen. So ist es beispielsweise unmöglich, den Verstorbenen ins Leben zurückzuholen. Emotionsorientierte Bewältigungsstrategien helfen, die Gefühle zu regulieren und zu dosieren. Andere Situationen, die ebenfalls mit dem Verlust zusammenhängen, können aber auch durch problemorientiertes Bewältigungsverhalten gelöst werden. So stehen Betroffene häufig vor der Aufgabe, die Kleidung des Verstorbenen aus dem Schrank auszusortieren. Einige lösen dieses Problem auf ganz praktische, problemorientierte Weise, indem sie die Kleidung an Personen (zum Beispiel Freunde) verschenken, die sich darüber freuen und es auch zu würdigen wissen. Beide Arten von Bewältigungsstrategien sind wichtig. Die meisten Betroffenen setzen je nach Situation mal diese, mal jene ein (Stroebe und Schut, 2010, S. 278).

Das Pendeln (Oszillieren) zwischen den Stressoren
Untersuchungen haben gezeigt, dass die theoretischen Annahmen des DPMs das Erleben von Hinterbliebenen gut abbilden. Sie sind bei einem Verlust mit zwei Arten von Stressoren konfrontiert und sie setzen zur Regulierung die eben genannten emotions- und problemorientierten Bewältigungsstrategien ein (Caserta und Lund, 2007). Nun ist der entscheidende Mechanismus für die »erfolgreiche« Verlustbewältigung der Vorgang des Pendelns beziehungsweise Oszillierens (Stroebe und Schut, 2008, S. 5). Denn Betroffene können sich nicht gleichzeitig mit dem Verlust und der Neugestaltung des Lebens auseinandersetzen, eines von beiden muss immer zurückgestellt werden. Es gehört daher vom ersten Moment an zum normalen Verlauf von Trauerprozessen, dass Menschen hin und her pendeln zwischen Zeiten, in denen sie sich mit dem Verlust beschäftigen, und anderen Momenten, in denen sie sich damit beschäftigen, wie der Alltag weitergehen kann. Erst wenn einem Bereich dauerhaft Aufmerksamkeit gewidmet und der andere darüber vernachlässigt wird, können Trauernden Probleme entstehen (Znoj, 2004, S. 10). Wobei es zu beachten gilt, dass es individuelle, aber auch kulturelle Unterschiede dahingehend gibt, wie viel Zeit und Aufmerksamkeit eine Person beiden Bewältigungsprozessen widmet.

Darüber hinaus ist es auch sinnvoll, wenn Betroffene zwischen emotions- und problemorientierten Strategien hin und her pendeln, um die Anforderungen, die der Verlust beziehungsweise das veränderte Leben an sie stellt, bewältigen zu können.

Besondere Bedeutung kommt in diesem spezifischen Prozess des Pendelns auch dem Vermeiden zu (Stroebe und Schut, 2010, S. 278). So ist es wichtig, dass sich Hinterbliebene auch Auszeiten von der Trauer nehmen, zum Beispiel wenn schmerzhafte Gefühle zu stark werden oder sie beim Bankberater sitzen und ihre finanziellen Angelegenheiten regeln. Trauern ist für viele Menschen anstrengend und Erholungspausen sind für Betroffene wichtig.

Zusammenfassend lässt sich also sagen: Wenn Betroffene in ihrem Trauerprozess für sich eine gute Balance zwischen Verlustbewältigung und Hinwendung zu den Aufgaben im neuen Leben finden, dann werden sie einen Verlust auch »gut« verarbeiten (Znoj, 2004).

Schematisch kann das DPM wie folgt dargestellt werden (Abbildung 2):

Abbildung 2: Schema des Dualen Prozessmodells (DPM).
Quelle: Stroebe und Schut, 2007, S. 396.

Damit zeichnet das DPM ein vollständigeres Bild der Vorgänge, die Betroffene erleben. Im Vergleich zu anderen Modellen stellt sich das wie folgt dar (Tabelle 1):

Tabelle 1: Trauermodelle im Vergleich (Stroebe und Schut, 2010, S. 278)

Phasenmodell (Bowlby, 1980)	Traueraufgabenmodell (Worden, 1991)	DPM (Stroebe und Schut, 1999)
Schock	den Verlust als Realität akzeptieren	den Verlust als Realität akzeptieren ... *und die veränderte Welt als Realität anerkennen*
Sehnsucht und Suche nach der verlorenen Person	den Trauerschmerz verarbeiten	den Trauerschmerz verarbeiten ... *und auch zeitweise bewusst Abstand vom Trauerschmerz nehmen*
Verzweiflung	sich an eine Welt ohne die verstorbene Person anpassen	sich an eine Welt ohne die verstorbene Person anpassen ... *und die Anforderungen der veränderten (subjektiven) Umwelt bewältigen*
Reorganisation	eine dauerhafte Verbindung zur verstorbenen Person inmitten des Aufbruchs in ein neues Leben finden	eine dauerhafte Verbindung zur verstorbenen Person inmitten des Aufbruchs in ein neues Leben finden ... *und neue Rollen, Identitäten und Beziehungen aufnehmen*

3.4 Achterbahnfahren ist gesund

Das DPM ist deutlich komplexer als andere Modelle. Doch die meisten Betroffenen haben keine Verständnisprobleme, wenn man es ihnen vorstellt.

Betroffene beschreiben ihre Verfassung nach dem Tod eines Menschen, der ihnen viel bedeutet hat, häufig als Achterbahnfahrt: ein teilweise für sie selbst überraschendes Auf und Ab der psychischen Verfassung. Sie erleben emotional ruhigere Momente, in denen sie beispielsweise ihre Bankgeschäfte regeln, und dann wieder emotionale Tiefs, die durch einen flüchtigen Gedanken, eine Erinnerung an den Verstorbenen ausgelöst werden können. Die Vorstellung, dass Trauer in einer geordneten Abfolge verläuft, entspricht selten dem, was Trauernde von Tag zu Tag erleben.

»Wenn ich jetzt, so quasi aus der Vogelperspektive, auf die letzten Jahre zurückschaue, dann kann ich natürlich schon sehen, dass die ersten Wochen anders waren als die Zeit nach einem Vierteljahr, nach einem Jahr und so weiter. Aber als ich drinsteckte, da hat mich diese Vorstellung von Trauerphasen verrückt gemacht. An einem Tag habe ich gedacht: ›Aha, jetzt, hast du's geschafft, diese Phase hast du hinter dir!‹ Und am nächsten Tag fühlte es sich dann wie ein Rückfall an, wenn es mir doch wieder schlecht ging. Aus meiner Erfahrung kann ich Trauernden nur empfehlen: Stellt euch auf ein ständiges Hin und Her ein, auf drei Schritte vor und zwei zurück – das ist ganz normal!« (berufstätige Frau, 36 Jahre, die ihre Mutter verloren und an einer Trauergruppe am Trauerzentrum Frankfurt teilgenommen hat).

Aus dem neuen Trauermodell von Stroebe und Schut lässt sich eine beruhigende Botschaft herausziehen: Trauernde sind auf einem guten Weg, wenn sich ihre innere Verfassung immer wieder ändert und Gefühle in Wellen kommen und wieder gehen können. Diese Art von Achterbahnfahrt ist vielleicht ungewohnt, möglicherweise auch anstrengend und nicht gerade angenehm, aber es scheint ein normaler, sogar notwendiger Prozess zu sein.

3.5 Das DPM in Forschung und Praxis

Nachdem sie das DPM veröffentlicht hatten, hofften Margaret Stroebe und Henk Schut, dass viele Fachkräfte das Modell prüfen und in der Praxis anwenden würden. Sie wollten wissen, ob es sich bewährt und welche neuen Erkenntnisse sich ergeben, wenn Trauerprozesse auf die oben dargelegte Weise betrachtet werden. Die interessantesten Ergebnisse dieses Bewertungsprozesses werden im Folgenden dargestellt.

A. Komplizierte Trauer

Eine grundlegende Annahme des Dualen Prozessmodells besteht darin, dass eine einseitige Ausrichtung problematisch werden kann (Stroebe und Schut, 2008). Wenn sich Betroffene ausschließlich mit dem Verlust beschäftigen, so die Annahme, dann könnte dies zur Entstehung eines problematischen Trauerverlaufs führen. Diese Fälle von Komplizierter Trauer würden dann zu dem passen, was oft auch als anhaltende Trauerstörung bezeichnet wird. Wenn jemand hingegen seine ganze Aufmerksamkeit nur auf die Veränderungen des Lebens richtet und jede Auseinandersetzung mit dem Verlust vermeidet, dann würde dies dem entsprechen, was in der Literatur unter verleugneter Trauer verstanden wird. In beiden Fällen konzentriert sich der Betroffene extrem auf eine der beiden Kategorien von Stressoren. Ein Pendeln zwischen beiden Orientierungen findet kaum statt. Menschen, die unter traumatischer Trauer leiden, können auch Schwierigkeiten mit dem Pendeln haben. Sie werden diesen Wechsel zwischen den Stressoren unter Umständen eher als extrem ruckartig und wenig kontrollierbar erleben (Stroebe und Schut, 2008).

So berichtete eine Frau, deren Mann bei einem Militäreinsatz ums Leben kam, wie dumpf und taub sie sich das erste halbe Jahr nach dem Verlust gefühlt hat. Keine Erinnerung, keine Bilder beeinträchtigten sie. Doch dann änderte sich das Erleben quasi über Nacht. Sie versank in totaler Verzweiflung, so dass sie nur noch sterben wollte. Sie war wie gelähmt vor Angst und nichts konnte ihr helfen (Carroll, Hudson und Ruby, 1996).

Doch welche Intervention ist bei Komplizierter Trauer die richtige? Die Annahme des Modells ist, dass die Interventionen das Oszillieren (Pendeln) berücksichtigen müssen. Geschieht dies, können Fachkräfte in diesem Prozess helfen, den Einsatz neuer Bewältigungsstrategien zu festigen, die jene ergänzen, die die Person bislang mit wenig Erfolg eingesetzt hat.

Shear und Kollegen (2005) haben in einer Studie zwei therapeutische Verfahren für Komplizierte Trauer miteinander verglichen. Eine Gruppe von Betroffenen nahm an einem Verfahren teil, das neu entwickelt wurde und sowohl verlust- als auch wiederherstellungsbezogene Stressoren berücksichtigte (CGT: Complicated Grief Treatment). Die Maßnahmen in der anderen Gruppe hingegen waren nur auf die verlustbezogen Stressoren ausgerichtet (IPT: Interpersonal Therapy). Die Auswertung zeigt, dass die Verfahren zu unterschiedlichen Ergebnissen führten. So kamen in der CGT-Gruppe 51 Prozent der Teilnehmer besser mit der Bewältigung des Verlustes klar. In der IPT-Gruppe waren es dahingegen nur 28 Prozent. Bei diesen Betroffenen setzten die positiven Veränderungen zudem erst viel später ein. Die Ausrichtung der Interventionen hatte also maßgeblichen Einfluss auf das Ergebnis.

B. Bindungstypen und DPM
Wissenschaftler haben festgestellt, dass es Menschen mit sicheren und unsicheren Bindungsstilen gibt (Stroebe und Schut, 2008). Und diese Tatsache hat Einfluss darauf, wie sie Verluste verarbeiten. So fällt es Personen, die sich selbst, aber auch anderen gegenüber eine positive Einstellung haben, leichter, an den Verstorbenen zu denken, um sich dann aber auch wieder damit zu beschäftigen, wie das neue Leben nun weitergehen kann. Ihnen gelingt die Anpassung an einen Verlust insgesamt besser (Shaver und Tancredy, 2007). Sie

werten ihre Verlustreaktionen nicht ab, drücken ihre Gedanken beziehungsweise Gefühle hinsichtlich ihres Verlustes in einem für sie angemessenen Maße aus und bauen eine neue Verbindung zur verstorbenen Person auf.

Menschen mit einem abhängig-anklammernden Bindungsstil könnten dahingegen Schwierigkeiten bekommen, einen Verlust »gut« zu bewältigen. Sie haben zwar keine Angst vor Nähe, erleben eine Trennung aber als höchst bedrohlich. Stroebe, Schut und Boerner (2010) vermuten, dass diese Personen sich besonders intensiv mit dem Verlustschmerz befassen und aufgrund der starken Verlustorientierung Gefahr laufen, eine Komplizierte Trauer zu entwickeln.

Menschen mit einem unsicher-vermeidenden Bindungsstil haben gelernt, dass es besser ist, sich im Ernstfall nicht auf andere zu verlassen. Sie verarbeiten Trennungen recht gut und haben eher Schwierigkeiten mit Nähe. Für diese Art von Bindung gehen Stroebe, Schut und Boerner (2010) davon aus, dass sie eher zu wenig verlustorientiert agieren und zum Beispiel Erinnerungen und Gefühlsreaktionen unterdrücken. Dies könnte eine Erklärung für das Phänomen der gehemmten Trauer sein.

Menschen mit einem desorganisierten Bindungsstil haben es besonders schwer. Sie haben sowohl Angst vor Nähe als auch Angst davor, verlassen zu werden. Entsprechend pendeln sie in ihrer Verlustverarbeitung chaotisch zwischen extremen Zuständen von Verlust- und Wiederherstellungsorientierung hin und her. Die Bewältigungsstrategien, die sie einsetzen, sind inkohärent und desorganisiert.

Tabelle 2: Bindungsstile und Trauer (in Anlehnung an Stroebe, Schut und Boerner, 2010)

	positives Bild von sich selbst keine Angst vor Trennung	negatives Bild von sich selbst Angst vor Trennung
positives Bild von anderen keine Angst vor Nähe	sicherer Bindungsstil normale Trauer **Ausgewogenes Pendeln zwischen VO und WO**	abhängig-anklammernder Bindungsstil Komplizierte Trauer **Schwerpunkt VO**
negatives Bild von anderen Angst vor Nähe	unsicherer-vermeidender Bindungsstil gehemmte Trauer **Schwerpunkt WO**	desorganisierter Bindungsstil Schwierigkeiten in der Anpassung, z. B. PTBS **gestörtes Pendeln zwischen VO und WO**

VO = Verlustorientierung; WO = Wiederherstellungsorientierung; PTBS = Posttraumatische Belastungsstörung

Natürlich werden Fachkräfte in der Realität weder auf solche Bindungsstil-Prototypen treffen, wie sie hier grob vereinfachend beschrieben wurden (vgl. Tabelle 2), noch sind diese immer die Ursache dafür, warum einige Menschen einen Verlust besser verarbeiten als andere. Solche Schemata dienen nur dem besseren Verständnis. Doch in der Verbindung von DPM und bindungstheoretischen Überlegungen steckt viel Potenzial für die Fachkräfte. So liefert die Verknüpfung zum Beispiel Ansatzpunkte für die Entwicklung von Interventionen oder kann Betroffenen als Erklärung auf ihre Frage dienen, warum es ihnen schwerfällt, ihren Verlust zu bewältigen und ihr Leben in die eigenen Hände zu nehmen.

Geschlechterspezifische Unterschiede

Das DPM kann ebenfalls herangezogen werden, um geschlechterspezifische Unterschiede zu erklären. Auch in Deutschland zeigt sich, dass eher Frauen die Hilfe von Trauerbegleitern oder Trauerberatern in Anspruch nehmen. Sie bevorzugen Unterstützungsprogramme, bei denen sie sich austauschen und ihre Gefühle miteinander teilen können (Walter, 1999). Erleiden Männer einen Verlust, ist es ihnen hingegen häufig wichtiger zu erfahren, welche Lösung andere für konkrete Probleme des Alltags (zum Beispiel Essen kochen) haben. Aus dem Blickwinkel des Dualen Prozessmodells heraus betrachtet, sind Männer stärker wiederherstellungsorientiert, während Frauen stärker verlustbezogen agieren. Sie setzen sich eher mit ihren Gefühlen und Gedanken auseinander, während Männer viel Übung in der Problemlösung haben. Nun gibt es Hinweise darauf, dass beide Geschlechter bei der Verlustverarbeitung eher davon profitieren, wenn sie genau das Gegenteil von dem erlernen würden, worin sie ohnehin viel Übung haben (zum Beispiel Schut et al., 1997). Aus diesem Grund erscheint es sinnvoll, wenn in Trauerkursen Bewältigungsstrategien für beide Prozesse Berücksichtigung finden würden.

Soziale und kulturelle Unterschiede

Das Duale Prozessmodell beschränkt sich nicht nur auf die Beschreibung der intrapersonellen Aspekte von Bewältigungsprozessen. Es kann Betroffenen auch dabei helfen, andere trauernde Familienmitglieder zu verstehen (Stroebe und Schut, 2008). So kommt es zum Beispiel bei dem Verlust eines Kindes öfter zu Schwierigkeiten zwischen den Lebenspartnern, weil der eine Partner eher verlustbezogen agiert (zum Beispiel immer wieder über das Kind spricht und viel weint), während der andere Partner stärker wiederherstellungsorientiert handelt (zum Beispiel schweigsam ist, sehr aktiv nach neuen Aufgaben sucht). Häufig enden die Streitigkeiten darin, dass sich die Partner gegenseitig vorwerfen, zu viel beziehungsweise zu wenig zu trauern. Mit Hilfe des DPMs können Fachkräfte Betroffenen gut verständlich machen, worin sich die beiden Umgangsweisen mit dem Verlust unterscheiden. Und gemeinsam kann dann nach einer neutraleren Bewertung des jeweils anderen Weges gesucht werden (zum Beispiel »Mein Mann trauert auf seine Weise«), damit sich die unterschiedlichen Bewältigungsstrategien weniger negativ auf die Partnerschaft auswirken.

Wie eben dargelegt, dient das DPM also auch zur Beschreibung interpersoneller Bewältigungsprozesse. Darüber hinaus kann es auch zur Erklärung kultureller Unterschiede beitragen (Stroebe und Schut, 2008). Wie Menschen auf einen Verlust reagieren oder auch wie sie ihn bewältigen, ist stark kulturell geprägt (Rosenblatt, 2008). Eine soziale Gruppe im Osten von Ecuador beispielsweise unternimmt nach dem Verlust eines Gruppenmitgliedes alles, um dieses zu vergessen (Rosenblatt, 2008). Die Verbindung muss unter allen Umständen abgebrochen werden. Denn sonst, so die Annahme, reißt der Verstorbene die Angehörigen mit in den Tod. Die Aufrechterhaltung einer Bindung, wie sie in Deutschland als normal angesehen wird, ist für diese Menschen unvorstellbar. Diese ecuadorianische Gruppe ist bei ihrer Verlustbewältigung stark wiederherstellungsorientiert, sie agieren kaum verlustbezogen. Und dennoch bewältigen die Betroffenen ihre Verluste ohne Probleme und auf eine für sie völlig normale Weise (Rosenblatt, 2008).

Auch Menschen mit Migrationshintergrund suchen Trauerberater und Trauerbegleiter auf. Einige finden sich mit ihrer Trauer zwischen den Verhaltensregeln zweier Kulturen wieder und wissen zum Beispiel nicht mehr, welcher Weg der richtige für sie ist, um den Verlust zu bewältigen. Eine Systematik wie das DPM, das kulturelle Unterschiede berücksichtigt und erklärt, kann hilfreich für diese Betroffenen sein. Denn vor diesem Hintergrund lassen sich leichter geeignete Wege im Umgang mit dem Verlust finden, ohne dass die Betroffenen das Gefühl entwickeln, sie würden eine der beiden Kulturen »verraten«.

Zeitbezogene Veränderungen

Verschiedene Studien haben gezeigt, dass Betroffene zu Beginn ihrer Trauer stärker verlustbezogen sind, also viel an den Verlust denken und darüber sprechen (zum Beispiel Caserta und Lund, 2007). Im Laufe der Zeit tritt dies etwas in den Hintergrund und sie befassen sich zunehmend mit Fragen, die die Anpassung an das neue Leben betreffen. Der Hinweis auf diese zeitbezogene Veränderung kann für Fachkräfte in vielerlei Hinsicht nützlich sein, beispielsweise kann er Orientierung bei der Konzeption von Trauerangeboten bieten. Insbesondere bei offenen Gesprächskreisen oder Trauercafés treffen Menschen aufeinander, die sehr unterschiedliche Gesprächsinhalte bevorzugen. So tauschen sich die Personen, die schon länger an den Treffen teilnehmen, gern über Ausflugsmöglichkeiten oder Veranstaltungen aus. Während neue Teilnehmer, deren Verlust noch nicht lange zurückliegt, lieber darüber sprechen, wie andere mit den Gefühlen und Erinnerungen zurechtgekommen sind. Damit keine der Personen sich fehl am Platz fühlt, sollten die Angebote den Zeitaspekt berücksichtigen.

Positive Emotionen, persönliche Reifung, Sinnfindung

Außenstehende sind häufig überrascht, wenn Hinterbliebene, die an einer Trauergruppe teilnehmen, ihnen erzählen, dass bei den Treffen auch viel gelacht wird. Die meisten Menschen nehmen an, dass die Beschäftigung mit dem Thema nur negative Gefühle auslöst und entsprechend wenig wohltuend ist. Die Sichtweise ist nachvollziehbar. Doch sie unterschätzt die kognitive (Neu-)Bewertung, die Betroffene vornehmen müssen (Stroebe und Schut, 2007). So stellen die Teilnehmer immer wieder fest, dass zum Beispiel einige Erinnerungen wohltuend und kräftigend auf sie wirken. Und so erleben sie auch in der Auseinandersetzung mit dem Verlust positive wie auch negative Gefühle. Mit allen Gefühlen müssen sie lernen umzugehen. Wenn es um die Anpassung an die neue Lebenssituation geht, verhält es sich ähnlich.

Betroffene erleben sowohl positive Momente, in denen sie vielleicht stolz auf sich sind, weil sie allein einen Spaziergang unternommen haben. Und Zeitpunkte, in denen sie sich weniger wohl fühlen und wünschten, sie bräuchten sich mit der Aufgabe jetzt nicht auseinanderzusetzen (zum Beispiel Erledigung von Steuerangelegenheiten). Unabhängig davon, ob sich Betroffene mit dem Verlust oder mit dem neuen Leben beschäftigen, in beiden Bereichen findet auch ein Pendelprozess statt. Stroebe und Schut halten im Rahmen ihrer Erklärungen zum DPM dieses Pendeln zwischen positiven und negativen Momenten für wichtig, damit die Anpassung an einen Verlust gelingt (Stroebe und Schut, 2001). Auch diesen Prozess können Fachkräfte im Auge behalten und gegebenenfalls fördern.

3.6 Ausblick

Das DPM wurde im Zusammenhang mit nur einer Personengruppe (Verlust des Partners) entwickelt. Das Ziel war es, die Bewältigungsmechanismen und Probleme, die in dieser Personengruppe zu beobachten waren, besser erklären zu können, als es die anderen Modelle taten. Seit 1999 haben viele Fachkräfte das Modell aufgegriffen und auch auf ganz andere Verlustarten (zum Beispiel Verlust des Kindes) und Betroffenengruppen (zum Beispiel Menschen in fortgeschrittenem Lebensalter) bezogen. Es diente aber auch als theoretischer Rahmen für ganz andere Untersuchungen (zum Beispiel: Wie gehen Nationen damit um, wenn die eigene Regierung oder das Militär in der Vergangenheit systematisch einen Teil der Gesellschaft ermordet hat? – Robben, 2014). Bisher hat sich das DPM als sehr aussagekräftig erwiesen und maßgeblich zum Gewinn neuer Erkenntnisse beigetragen.

3.7 Zusammenfassung

Zusammenfassend ist festzuhalten, dass das DPM ein Modell ist, das die verschiedenen Belastungen berücksichtigt, die ein Verlust mit sich bringt. Das wesentliche Element stellt der oszillierende Prozess dar, welcher Trauernden dabei hilft, die verschiedenen Anforderungen zu dosieren. Mit Hilfe des DPMs lassen sich viele Unterschiede im Umgang mit Verlusten erklären (zum Beispiel in Bezug auf das Geschlecht oder den Bindungsstil). Und es lässt Annahmen darüber zu, wer welche Hilfe benötigen könnte. Aus Sicht des Modells ist professionelle Hilfe entsprechend nur dann nötig, wenn die Bewältigungsstrategien sehr einseitig und wenig flexibel eingesetzt werden. Die Hilfe der Fachkräfte sollte in diesen Fällen darauf abzielen, die Flexibilität zu erhöhen, um so das Oszillieren zwischen den verschiedenen Bewältigungsaufgaben zu unterstützen.

3.8 Auf einen Blick

- Das Konzept der Trauerarbeit lässt viele Aspekte bei der Verlustverarbeitung unberücksichtigt.
- Das Duale Prozessmodell bietet eine weitreichende Systematik zur Beschreibung von Verlustprozessen.
- Betroffene müssen sich nach einem Verlust von Anfang an mit zwei Arten von Stressoren auseinandersetzen.
- Betroffene bewältigen die Stressoren sowohl mit emotions- als auch problemorientierten Strategien.
- Der entscheidende Mechanismus für eine »erfolgreiche« Verlustbewältigung ist der Vorgang des Pendelns.
- Betroffene brauchen Pausen von ihrer Trauer. Verdrängung und Vermeidung haben in diesem Rahmen eine sinnvolle Funktion.
- Das Duale Prozessmodell hat zum Gewinn neuer Erkenntnisse beigetragen.

3.9 Literatur

Ablon, Joan (1971). Bereavement in a Samoan community. British Journal of Medical Psychology, 44, 4, S. 329–337.
Bonanno, George A. (2007). Grief and Emotion: A Social-Functional Perspective. In: Stroebe, Margaret S.; Hansson, Robert O.; Stroebe, Wolfgang; Schut, Henk: Handbook of Bereavement Research. Consequences, Coping, and Care. 5. Auflage. Washington, London.
Bonanno, George A.; Keltner, Dacher; Holen, Are; Horowitz, Mardi J. (1995). When Avoiding Unpleasant Emotions Might not be Such a Bad Thing: Verbal-Automatic Response Dissociation and Midlife Conjugal Bereavement. Journal of Personality and Social Psychology, 69, 5, S. 975–990.
Bonanno, George A.; Papa, Anthony; O'Neill, Kathleen; Westphal, Maren; Coifman, Karin (2004). The Importance of Being Flexible: The Ability to Both Enhance and Suppress Emotional Expression Predicts Long-Term Adjustment. Psychological Science, 15, 7, S. 482–487.
Bowlby, John (2006). Bindung und Verlust. Band 3: Verlust. Trauer und Depression. München.
Bowlby, John (1980). Attachment and Loss. Volume 3: Loss – Sadness and Depression. London.
Carroll, Bonnie; Hudson, Lisa; Ruby, Diane (1996). Complicated Grief in the Military. In: Doka, Kenneth J.: Living with Grief after Sudden Loss: Suicide, Homicide, Accident, Heart Attack, Stroke. New York, London.
Caserta, Michael; Lund, Dale (2007). Toward the Development of an Inventory of Daily Widowed Life (IDWL). Guided by the Dual Process Model of Coping with Bereavement. Death Studies, 31, 6, S. 505–534.
Folkman, Susan (2007). Revised Coping Theory and the Process of Bereavement. In: Stroebe, Margaret S.; Hansson, Robert O.; Stroebe, Wolfgang; Schut, Henk: Handbook of Bereavement Research. Consequences, Coping, and Care. 5. Auflage. Washington, London.
Freud, Sigmund (1946). Trauer und Melancholie. Gesammelte Werke, Band X. London, Frankfurt a. M.
Kast, Verena (1999). Trauern. Phasen und Chancen eines psychischen Prozesses. Stuttgart.
Lazarus, Richard; Folkman, Susan (1984). Stress, Appraisal, and Coping. New York.
Paul, Chris (2011). Neue Wege in der Trauer- und Sterbebegleitung. Hintergründe und Erfahrungsberichte für die Praxis. Gütersloh, München.
Robben, Antonius C. G. M. (2014). Massive Violent Death and Contested National **Mourning in Post-Authoritarian Chile and Argentina: A Sociocultural Application of the Dual Process Model**. Death Studies, 38, 5, S. 335–345.
Rosenblatt, Paul C. (2008). Grief across Cultures: A Review and Research Agenda. In: Stroebe, Margaret S.; Hansson, Robert O.; Schut, Henk; Stroebe, Wolfgang: Handbook of Bereavement Research and Practice. Advances in Theory and Intervention. Washington, London.

Rosner, Rita; Pfoh, Gabriele; Rojas, Roberto; Brandstätter, Monika; Rossi, Ruth; Lumbeck, Gudrun; Kotoučová, Michaela; Hagl, Maria; Geissner, Edgar (2015). Anhaltende Trauerstörung. Manuale für Einzel- und Gruppentherapie. Göttingen u. a.

Schut, Henk; Stroebe, Margaret S.; de Keijser, Jos; van den Bout, Jan (1997). Intervention for the Bereaved: Gender Differences in the Efficacy of Grief Counselling. British Journal of Clinical Psychology, 36, 1, S. 63–72.

Shaver, Phillip R.; Tancredy, Caroline M. (2007). Emotion, Attachment, and Bereavement: A Conceptual Commentary. In: Stroebe, Margaret S.; Hansson, Robert O.; Stroebe, Wolfgang; Schut, Henk: Handbook of Bereavement Research. Consequences, Coping, and Care. 5. Auflage. Washington, London.

Shear, Katherine; Frank, Ellen; Houck, Patricia R.; Reynolds, Charles F. (2005). Treatment of Complicated Grief: A Randomized Controlled Trial. Journal of the American Medical Association, 293, 21, S. 2601–2608.

Stroebe, Margaret S.; Hansson, Robert O.; Stroebe, Wolfgang; Schut, Henk (2007). Handbook of Bereavement Research. Consequences, Coping, and Care. 5. Auflage. Washington, London.

Stroebe, Margaret S.; Schut, Henk (2010). The Dual Process Model of Coping with Bereavement: A Decade On. OMEGA, 61, 4, S. 273–289.

Stroebe, Margaret S.; Schut, Henk (2008). The Dual Process Model of Coping with Bereavement: Overview and Update. Grief Matters, 11, 8, S. 4–10.

Stroebe, Margaret S.; Schut, Henk (2007). Models of Coping with Bereavement: A Review. In: Stroebe, Margaret S.; Hansson, Robert O.; Stroebe, Wolfgang; Schut, Henk: Handbook of Bereavement Research. Consequences, Coping, and Care. 5. Auflage. Washington, London.

Stroebe, Margaret S.; Schut, Henk (2001). Meaning Making in the Dual Process Model of Coping with Bereavement. In: Neimeyer, Robert A.: Meaning Reconstruction and the Experience of Loss. Washington.

Stroebe, Margaret S.; Schut, Henk (1999). The Dual Process Model of Coping with Bereavement: Rationale and Description. Death Studies, 23, 3, S. 197–224.

Stroebe, Margaret S.; Schut, Henk; Boerner, Kathrin (2010). Continuing Bonds in Adaption to Bereavement: Towards Theoretical Integration. Clinical Psychology Review, 30, 2, S. 259–268.

Stry, Rebecca (2012). Das Duale Trauerprozessmodell. Eine Chance für die deutsche Trauerbegleitung? Die Hospiz-Zeitschrift, 52, 2, S. 18–21.

Walter, Tony (1999). On Bereavement. The Culture of Grief. Maidenhead. Philadelphia.

Wittkowski, Joachim (2013). Forschung zu Sterben, Tod und Trauern. Die internationale Perspektive. Psychologische Rundschau, 64, 3, S. 131–141.

Worden, William J. (2011). Beratung und Therapie in Trauerfällen. 4., überarbeitete und erweiterte Auflage. Bern.

Worden, William J. (1991). Grief Counselling and Grief Therapy. 2. Auflage. New York.

Znoj, Hansjörg (2004). Komplizierte Trauer. Göttingen u. a.

4 Über den Tod hinaus: Vom Lösen und Fortsetzen der Bindung zum Verstorbenen

Im November 2013 war der Hörsaal 10 im Hörsaalgebäude der Johann Wolfgang Goethe-Universität Frankfurt gut gefüllt. Studenten, Mitarbeiter aus dem Hospiz- und Palliativbereich, Psychologen und Trauerberater warteten gespannt auf Dr. Dennis Klass. Er war nach Frankfurt gekommen, um über das Thema »Fortgesetzte Bindungen in westlichen und östlichen Kulturkreisen« zu sprechen. Dennis Klass ist emeritierter Professor für Religionswissenschaften der Webster University, St. Louis in den USA und gilt als die Person, die das Konzept der fortgesetzten Bindungen in den Trauerdiskurs eingebracht hat. Entsprechend groß war das Interesse an seinem Vortrag.

Er begann gleich mit einer Übung: »Bitte denken Sie an einen für Sie wichtigen Menschen, der gestorben ist.« Pause. »Was für eine Rolle spielte dieser Mensch in Ihrem Leben, als er noch lebte? Welche Gefühle wurden in Ihnen angesprochen, wenn Sie mit diesem Menschen zusammen waren? Was hat nur dieser Mensch in Ihnen ausgelöst und angeregt und niemand sonst? Was vermissten Sie am meisten, als dieser Mensch starb?« Es vergingen einige Minuten. Jeder dachte nach. Sein Blick wanderte durch den Raum, dann fragte er: »In welcher Hinsicht spielt diese Person noch heute eine Rolle in Ihrem Leben beziehungsweise in welchen Zusammenhängen ist es nicht mehr der Fall?«

Mit diesem kurzen Experiment veranschaulichte Dennis Klass ganz schnell, was unter einer fortgesetzten Bindung verstanden wird. Der Tod beendet das Leben im Hier und Jetzt. Die Hinterbliebenen müssen die Realität des Verlustes anerkennen, der Mensch ist nicht mehr da. Der Körper wurde verbrannt oder beerdigt, nie wieder wird man ihn berühren, nie wieder neben ihm liegen und seine Atembewegungen verfolgen können. Doch was wird aus dem einzigartigen Band, das jemanden mit dem Verstorbenen verbunden hat: Wird es sich auflösen? Bleibt es bestehen? Muss es sich verändern? Kann es ein Zuviel oder Zuwenig an Verbindung zwischen einem Hinterbliebenen und dem Verstorbenen geben?

Richtig ist, dass der Tod das Leben beendet, doch beendet der Tod nicht zwangsläufig das Erleben von Verbundenheit mit der verstorbenen Person (Hall, 2014, S. 9). Einige Betroffene haben nach dem Tod einer nahen Bezugsperson eine innere Verbindung, andere fühlen ihre Anwesenheit. Für viele Menschen, die eine ihnen nahestehende Person verloren haben, besteht die Beziehung in veränderter Form weiter. Dieses Phänomen wird in der englischen Sprache als »Continuing Bonds« bezeichnet. Im Deutschen werden die Begriffe fortgesetzte Bindung (zum Beispiel Willmann und Müller, 2012), Aufrechterhaltung der Bindung (zum Beispiel Rosner et al., 2015) oder auch andauernde Bindung (zum Beispiel Wittkowski, 2013) verwendet. Genauer definiert, wird darunter eine »vorhandene andauernde innere Verbindung zwischen Verstorbenem und Hinterbliebenem verstanden« (Root und Exline, 2014, S. 1).

Bei Fachkräften und Wissenschaftlern ist das Konzept der andauernden Bindung von Dennis Klass mit Begeisterung aufgenommen worden. Einige legten es allerdings etwas weitgehender aus, als es gemeint war. So wurde auf einmal die Aufrechterhaltung der Beziehung zum Verstorbenen als wichtiger Baustein für eine erfolgreiche Verlustbewältigung angesehen. In Deutschland machten einige Fachkräfte dies sogar zum Mittelpunkt ihrer Begleitungs- oder Beratungsprogramme (zum Beispiel Kachler, 2007). Dennis Klass hat diese Art der Interpretation und Umsetzung seines Konzeptes mit einiger Skepsis beobachtet. Er bedauert die Tatsache, dass einige Fachkräfte ein Phänomen (Menschen können zu Verstorbenen andauernde Verbindungen haben) zu einer Art Rezeptwissen (andauernde Bindungen zu Verstorbenen sind notwendig bei der Verarbeitung eines Verlustes) gemacht haben (Klass, 2006, S. 844). Ihm ging es mit der Veröffentlichung seines Konzeptes im Wesentlichen darum aufzuzeigen, dass Verbindungen über den Tod hinaus bestehen können und es nichts Krankhaftes ist, wie noch bis ins 20. Jahrhundert behauptet wurde (Klass, 2006, S. 844).

Ohnehin ist die Annahme, wer seine Beziehung zum Verstorbenen fortsetzte, der könne Verluste besser bewältigen, zu pauschal gedacht (Klass, 2006). So zeigte sich zum Beispiel, dass einigen Kindern der Gedanke, ihre Eltern würden auch weiterhin auf sie aufpassen und alles mitbekommen, was sie tun, Angst macht (Silverman und Nickman, 1996). Das ging auch einigen Erwachsenen so, deren Väter verstorben waren. Obwohl sie eine konfliktreiche Beziehung hatten, bestand auch bei ihnen nach dem Tod weiterhin eine Verbindung. Sie empfanden diese aber als belastend (Tyson-Rawson, 1996).

Vielen Fachkräften und Wissenschaftlern ist klar: So einfach ist es nicht. Das Konzept Continuing Bonds kennt nicht nur zwei sich ausschließende Seiten: entweder die Verbindung halten oder die Verbindung lösen. Es geht vielmehr darum, zu ergründen, welche Aspekte der Verbindung gelöst werden sollten und welche erhalten bleiben können. Darüber hinaus stellt sich die Frage: Welche Formen der Verbindung gibt es und welche Funktionen haben sie? Kurz: Welche Zusammenhänge gibt es zwischen problematischer beziehungsweise erfolgreicher Verlustbewältigung und andauernder Bindung?

Diesen Fragen geht das Kapitel im weiteren Verlauf nach. Dabei wird auf aktuelle Anhaltspunkte eingegangen, die Fachkräften Hinweise darauf geben können, was für Betroffene hilfreich bei ihrer Verlustverarbeitung sein könnte.

4.1 Die eine Seite: Die Bindung muss gelöst werden

Bis zum 20. Jahrhundert wurde es in den westlichen Gesellschaften als ganz selbstverständlich angesehen, dass Menschen eine Bindung zu Verstorbenen aufrechterhielten[13]. Erst im Zuge der

---

13 http://www.deathreference.com/Ce-Da/Continuing-Bonds.html; Zugriff am 11.05.2015.

Verbreitung psychoanalytischen Gedankenguts setzte sich die Ansicht durch, dass Betroffene sich von den Verstorbenen lösen müssten (Stroebe und Schut, 2005). Fürsprecher dieser Ansicht beriefen sich auf die berühmte Schrift »Trauer und Melancholie« von Sigmund Freud (1917). Freud ging davon aus, dass Menschen emotionale Energie, er nannte sie Libido, an jene Personen richten, von denen sie die Befriedigung ihrer (sexuellen und anderen) Bedürfnisse erwarten. Doch eine verstorbene Person kann Hinterbliebenen nicht mehr zur Bedürfnisbefriedigung dienen. Deshalb müssen Betroffene jede einzelne der Erinnerungen und Erwartungen von den Toten lösen (Freud, 1946, S. 3). Das kann ein andauernder und schmerzhafter Prozess sein, in dem sich die Betroffenen immer wieder mit der Tatsache konfrontieren müssen, dass die verstorbene Person nicht mehr für ihre Bedürfnisbefriedigung zur Verfügung steht (Field, 2008, S. 114). Das Ziel der Trauerarbeit ist es, diese emotionale Energie vom Toten weg und hin zu einem lebenden Gegenüber zu lenken. Wenn ein Großteil der emotionalen Energie abgezogen wurde, ist die Trauerarbeit vollendet und der Betroffene wieder frei und ungehemmt (Freud, 1946, S. 3).

Einhergehend mit der Vorstellung von Freud, dass es unrealistisch ist, die emotionale Energie weiter an den Verstorbenen zu richten, wird bis heute das Lösen der Bindung zum Verstorbenen von einigen Fachkräften als das Ziel der Trauerarbeit verstanden. Denn nur so wären Betroffene frei, um sich der Realität mit neuen Lebenszielen und neuen Bindungen zuwenden zu können. Im Umkehrschluss wäre dann einem Trauernden, der weiterhin eine Bindung zum Verstorbenen pflegt, die Trauerarbeit nicht gelungen.

Es ist verblüffend, wie stark das Bild vom »Loslassenmüssen« gewirkt hat. Bis heute hat sich im Allgemeinverständnis die Aufforderung zum Loslassen gehalten. Hinterbliebene empfinden den Hinweis darauf häufig als Anweisung, den Verstorbenen regelrecht aus ihrem Leben tilgen zu müssen. Ein Anspruch, den sie häufig weder erfüllen wollen noch können.

So beklagte sich eine Frau: »Sogar mein Sohn sagt mir, ich solle jetzt mal loslassen und mich wieder auf das Leben konzentrieren. Ja, das mach ich doch auch! Aber doch nicht immer in jeder Minute. Ich möchte auch an meinen verstorbenen Mann denken, mich an ihn erinnern und über ihn sprechen oder soll ich ihn einfach vergessen? Das will ich nicht« (nicht mehr berufstätige Frau, 63 Jahre, die ihren Mann verloren und an einer Trauergruppe am Trauerzentrum Frankfurt teilgenommen hat).

Dabei hat unter den prominenten Vertretern dieser Ansicht keiner eine so radikale Forderung gestellt. Selbst Freud formulierte neun Jahre nach dem Tod seiner Tochter Sophie in einem Brief an Ludwig Binswanger:

»Gerade heute wäre meine verstorbene Tochter 36 Jahre alt geworden. [...] Man weiß, dass die akute Trauer nach einem solchen Verlust ablaufen wird, aber man wird ungetröstet bleiben, nie einen Ersatz finden. Alles, was an die Stelle rückt, und wenn es sie auch ganz ausfüllen sollte, bleibt doch etwas anderes. Und eigentlich ist es recht so. Es ist die einzige Art die Liebe fortzusetzen, die man ja nicht aufgeben will« (Freud und Binswanger, 1992, S. 222 f.).

Doch auch bekannte Fachkräfte beziehungsweise Wissenschaftler (zum Beispiel Therese Rando, 1984, William Worden, 1982[14], Beverley Raphael, 1983), die Mitte des 20. Jahrhunderts die Meinung vertraten, dass das Lösen der Bindung zum Verstorbenen notwendig sei, um einen Verlust bewältigen zu können, forderten von Betroffenen nicht, dass sie diese vergessen sollten. Für die meiste Zeit des 20. Jahrhunderts galt zwar das Lösen oder Lockern der Bindung als wichtiger Grundsatz in der Arbeit mit Trauernden (Stroebe

---

14 William Worden hat seit dem Erscheinen der ersten Ausgabe des Buches »Grief Counselling and Grief Therapy« seine Auffassung im Zusammenhang mit der Frage »Bindung lösen oder Bindung fortsetzen« geändert, siehe dazu Worden, 2011.

und Schut, 2005, S. 481). Doch schon in dieser Zeit machten einige (zum Beispiel Parkes und Weiss, 1983) darauf aufmerksam, dass die Art der Verbindung eine Rolle dabei spielt, ob die Bindung gelöst werden sollte oder nicht. So erkannten Fachkräfte beziehungsweise Wissenschaftler, dass es bestimmte Arten von Beziehungen (zum Beispiel abhängig-anklammernd) gibt, die zu Problemen bei der Verlustbewältigung führen können und deshalb neu gestaltet werden sollten. Doch das hieß nicht, dass grundsätzlich jede Bindung vollständig gelöst werden müsse.

Die Hypothese, dass ein Lösen der Bindung notwendig sei, hat vermutlich aus dem Kontext von Beratung und Therapie ihren Weg in das Allgemeinverständnis gefunden (Stroebe und Schut, 2005). Ausgehend von Einzelfällen aus der klinischen Praxis hat wahrscheinlich ungeprüft eine Verallgemeinerung auf alle Trauernden stattgefunden, denn die empirischen Beweise für diese Annahme fehlen bis heute. Dennoch hält sich die Forderung weiterhin hartnäckig.

4.2 Die andere Seite: Die Bindung muss fortgesetzt werden

Erste Hinweise darauf, dass Menschen eine Verbindung zu den Verstorbenen aufrechthalten, gab es sowohl zu Beginn des 20. Jahrhunderts (zum Beispiel Shand, 1914) als auch im weiteren Verlauf. So veröffentlichte etwa Paul Rosenblatt 1983 ein Buch, in dem er die verschiedenen Arten, wie Bindungen im 19. und 20. Jahrhundert aufrechterhalten wurden (zum Beispiel in Gebeten, durch Namensvergabe), miteinander verglich. Im Jahr 1993 beschrieben dann Stephen Roy Shuchter und Sidney Zisook in einem Artikel, dass Witwen mit ihren verstorbenen Partnern oft Zwiegespräche führten, aber auch ihre Präsenz spürten oder das Gefühl hatten, sie passten auf sie auf. Doch richtig populär wurde das Thema der andauernden Bindung erst mit dem Erscheinen des Buches »Continuing Bonds: New Understandings of Grief« von Dennis Klass, Phyllis Silverman und Stephen Nickman (1996). Auf über 350 Seiten legten zahlreiche Autoren dar, dass Bindungen gelöst werden, aber oft auch in veränderter Form weiter bestehen. Dabei betonten die Herausgeber in der Einleitung, dass diese Form der Verbindung kaum als krankhaft anzusehen ist, sondern durchaus einen normalen Teil der Verlustverarbeitung darstellt (Klass, Silverman und Nickman, 1996, S. 22).

Im Wunsch, die vorherrschende Forderung zum Loslassen zu widerlegen, schlug das Pendel teilweise in die gegenteilige Richtung aus: Statt des Loslassens wurde nun die Weiterführung der Bindung als heilsam und von einigen sogar zum Ziel des Trauerprozesses ernannt. In Deutschland zeigt sich diese Extremposition zum Beispiel in dem Ratgeberbuch »Damit aus meiner Trauer Liebe wird. Neue Wege in der Trauerarbeit.« Darin schreibt der Autor: »Und so wurde mir auf meinem eigenen Trauerweg immer klarer, dass es nur ein Ziel, nur ein Ergebnis des Trauerprozesses gibt: Die Liebe fortzusetzen und weiter zu leben. Ich bin mir sicher: Die Liebe – nicht der Abschied – ist das Ziel des Trauerprozesses« (Kachler, 2007, S. 8).

Solch einseitige Formulierungen haben keinerlei empirische Grundlage und sind somit kaum haltbar. So zeigte sich beispielsweise in einer Studie, dass fünf Jahre nach einem Verlust diejenigen Frauen und Männer stärker belastet waren, die eine Verbindung zum Verstorbenen aufrechterhielten (Field, Gal-Oz und Bonanno, 2003). Obwohl die Autoren die Studie mit aller Sorgfalt geplant und durchgeführt hatten, sollten Fachkräfte auch mit dem Ergebnis dieser Studie vorsichtig umgehen und keine voreiligen kausalen Schlüsse ziehen. Denn auch bei dieser Studie ist kaum zu sagen, ob die hohe Belastung Betroffene dazu veranlasst hat, die Beziehung fortzuführen, oder die Aufrechterhaltung der Bindung die Ursache für die hohe Belastung war.

Sicher ist, dass viele Menschen eine Verbindung zu ihren Verstorbenen fortführen. Doch inzwischen wird die Frage von vielen Wissenschaftlern und Fachkräften differenziert betrachtet. Es gibt keine pauschale Antwort im Sinne eines Entweder-oder. Anstatt das Fortführen der Bindung einseitig als schädlich oder heilsam zu betrachten, widmet sich die Fachwelt heute den Fragen, welche Ausdrucksformen fortgesetzte Bindungen finden können oder auch was weitergeführt werden kann (Field, 2008, S. 114) beziehungsweise in welchen Fällen es besser ist, die Verbindung zu lockern (Stroebe, Schut und Boerner, 2010).

4.3 Wie wird die Bindung zum Verstorbenen gelebt?

Die Art, wie Menschen eine fortbestehende Bindung gestalten und erleben, ist sehr vielgestaltig. In einer pluralistischen, individualistischen und weitgehend säkularisierten Gesellschaft ist das kaum verwunderlich. Viele Aspekte nehmen hier Einfluss auf das individuelle Erleben und die Ausgestaltung der Bindung zum Verstorbenen. Dazu zählen beispielsweise ebenso die Persönlichkeit wie auch der individuelle Entwicklungsstand, der Bindungsstil oder die religiösen beziehungsweise spirituellen Überzeugungen.

Typische Ausdrucksformen andauernder Bindungen, die sich gegenseitig nicht ausschließen, sind zum Beispiel:

A) Spüren, dass der Verstorbene anwesend ist
B) Mit dem Verstorbenen sprechen
C) Eine innere Verbindung aufbauen
D) Die Erinnerung an den Verstorbenen pflegen
E) Den Kontakt zum Verstorbenen suchen

A) Spüren, dass der Verstorbene anwesend ist
Immer wieder berichten Hinterbliebene, dass sie intensiv vom Verstorbenen träumen, ihn sehen, hören oder seine Anwesenheit spüren können. Einige erleben sogar taktile Berührungen und sind sich dabei sicher, dass es der Verstorbene ist, der sie berührt. Kennzeichnend für solche Erfahrungen ist, dass sie nicht bewusst hervorgerufen werden können, sondern spontan und für Betroffene unerwartet auftreten (Klass und Walter, 2007).

So erzählte eine Betroffene von einem Moment, an dem sie bitterlich weinte. Sie saß auf der Bettkante und die Tränen rannen ihr in Bächen die Wangen herunter. Sie hatte das Gefühl, gleich würde es sie innerlich zerreißen, so sehr vermisste sie ihren Vater, der vor vier Monaten verstorben war. Dann spürte sie auf einmal, wie sich eine Hand ganz sanft auf ihren Rücken legte. In dem Moment wusste sie, ihr Vater war bei ihr und tröstete sie. Sie empfand diese Berührung als real und sehr angenehm. Sie beruhigte sich langsam wieder (Erfahrung einer berufstätigen Frau, 35 Jahre, die ihren Vater verloren und an einer Trauergruppe am Trauerzentrum Frankfurt teilgenommen hat).

Der Arzt Dewi Rees beschäftigte sich bereits 1971 mit Erlebnissen dieser Art. Er befragte in einer Studie 293 Witwen und Witwer und fand heraus, dass nahezu die Hälfte aller Teilnehmer ähnliche Erfahrungen gemacht haben wie die junge Frau aus dem oben aufgeführten Beispiel. Am häufigsten haben die Befragten aber die Anwesenheit des Verstorbenen gespürt, ihn gesehen oder gehört. Doch einige Personen berichteten auch, von ihnen berührt worden zu sein (Rees, 1971, S. 38). Kaum verwunderlich scheint, dass zwei Drittel der Befragten bis dahin noch nie mit jemandem über ihre Erlebnisse gesprochen hatten. Die Resultate dieser Untersuchung stellen keine Ausnahmen dar. In anderen Studien wurden die Ergebnisse von Rees bestätigt (Klass und Walter, 2007).

Zusammenfassend lässt sich auf der Grundlage der gemachten Studien sagen, dass die überwiegende Mehrheit der Betroffenen diese Erlebnisse als wohltuend empfand, sie meist zu Hause, aber mit der Zeit nicht mehr so häufig erlebt wurden (Steffen und Coyle, 2012, Rees, 1997). Heute fallen derartige Erfahrungen unter das Stichwort fortgesetzte Bindung. Früher wurden sie auch als Halluzination bezeichnet. Doch die Bezeichnung Halluzinationen, als psychiatrischer Fachbegriff, ist in diesem Zusammenhang irreführend, denn die Betroffenen sind weder in einem psychotischen noch in einem drogeninduzierten Zustand (Klass und Walter, 2007).

B) Mit dem Verstorbenen sprechen
Menschen, die sich sehr nahe stehen, haben nicht nur physischen Kontakt zueinander, sondern kommunizieren in der Regel auch

oft miteinander. Deshalb ist es kaum verwunderlich, dass einige Menschen nach dem Tod auch weiterhin mit den vertrauten Personen sprechen.

So berichtete eine Witwe, dass sie mit dem Bild ihres Mannes, das sie nach seinem Tod aufgestellt hatte, spreche. Sie erzähle ihm ebenso von ihren Sorgen und Nöte wie auch von alltäglichen Kleinigkeiten. Dann fühle sie sich nicht so allein, sagte sie. Und wenn sie unterwegs ist, im Urlaub zum Beispiel, dann trete sie, wenn sie Zeit und Lust hat, über eine Art inneren Monolog mit ihm in Verbindung (Erfahrung einer berufstätigen Frau, 59 Jahre, die ihren Mann verloren und an einer Trauergruppe am Trauerzentrum Frankfurt teilgenommen hat).

Bisher gibt es nur wenige Studien, die untersucht haben, wie häufig es vorkommt, dass Menschen mit den Verstorbenen sprechen. Eine der wenigen Studien zu diesem Thema kam zu dem Ergebnis, dass sich mehr als ein Drittel der befragten Witwen und Witwer regelmäßig mit den verstorbenen Männern oder Frauen unterhalten (Shuchter und Zisook, 1993). Diese Art der Verbindung nahm auch nach einem Jahr nur unwesentlich ab. Andere Wissenschaftler fanden heraus, dass für manche Personen insbesondere der Friedhof ein Ort ist, an dem sie mit den Verstorbenen sprechen können. So scheinen insbesondere Männer das Grab aufzusuchen, um ein Zwiegespräch zu halten (Francis, Kellaher und Lee, 1997). Aber auch Kinder nutzen den Ort häufig, um in Verbindung mit ihrem verstorbenen Elternteil zu treten (Silverman und Nickman, 1996).

Eine Betroffene berichtete in einem Gespräch ganz offen darüber, worüber sie mit ihren verstorbenen Eltern spreche. Manchmal, so sagt sie, gehe es nur darum, ihre Eltern wissen zu lassen, was in der letzten Zeit so passiert ist. An anderen Tagen versucht sie, sich einen Rat zu holen, und möchte gemeinsam mit ihnen über bestimmte Fragen nachdenken (Erfahrung einer berufstätigen Frau, 20 Jahre, die beide Eltern verloren und an einer Trauergruppe am Trauerzentrum Frankfurt teilgenommen hat).

Ob es noch weitere Orte gibt, an denen sich Hinterbliebene ganz besonders mit ihren Verstorbenen verbunden fühlen, muss noch weiter systematisch untersucht werden. Frauen spüren die Verbundenheit jedoch deutlicher zu Hause und sprechen eher dort mit den Verstorbenen (Klass und Walter, 2007, S. 438).

C) Eine innere Verbindung aufbauen

Viele Hinterbliebene halten die Erinnerung an den Verstorbenen wach und erleben dies als eine Verbindung zu einem verinnerlichten Gegenüber. Sie denken an den Verstorbenen und stellen sich vor, welchen Rat er ihnen zu einem bestimmten Problem gegeben hätte. Sie würdigen so den Verstorbenen und geben ihm einen Platz in ihrem Leben, indem sie ihn sich zum Vorbild oder inneren Ratgeber machen.

So erinnert sich ein Betroffener gern daran, wie ruhig und ausgeglichen seine verstorbene Frau immer war. Wie gelassen sie beispielsweise auf Beleidigungen im Straßenverkehr reagiert hat. Diese Gelassenheit hat er sich zum Vorbild genommen und versucht seit ihrem Tod ebenso ruhig zu reagieren, wenn andere Fahrer ihm hitzig begegnen. (Erfahrung eines berufstätigen Mannes, 43 Jahre, der seine Frau verloren und am Trauerzentrum Frankfurt an einer Trauergruppe teilgenommen hat).

Andere Betroffene stellen sich bei Problemen gern die Frage: Was hätte der Betroffene jetzt getan?

Wie eine Witwe, die früher ihren Mann um Hilfe bitten konnte, wenn sie Computerprobleme hatte. Nun, sagt sie, ist er nicht mehr da und kein anderer ist im Hause, der ihr sofort behilflich sein könnte. Doch bevor sie einen professionellen Computerspezialisten um Hilfe bittet, stellt sie sich immer erst die Frage: Was hätte mein Mann jetzt gemacht? Und oft ist sie überrascht und sehr stolz, weil sie die Probleme durchaus allein lösen kann (Erfahrung einer berufstätigen

Frau, 34 Jahre, die ihren Mann verloren und am Trauerzentrum Frankfurt an einer Trauergruppe teilgenommen hat).

Neben der Vorbild- und Ratgeberfunktion, die Verstorbene haben können, helfen sie einigen Hinterbliebenen auch bei der Prioritätensetzung, denn vielen erscheinen bestimmte Dinge (zum Beispiel die eigene Karriere, viel Geld) nach dem Tod weniger wichtig als vorher.

Eine junge Frau sagte dazu: »Immer, wenn ich an meinen verstorbenen Neffen denke, dann sehe ich ihn richtig vor mir stehen, wie er mir zuzwinkert und sagt: Hey, das Leben ist kurz, du denkst schon daran, es auch zu genießen?« (Erfahrung einer berufstätigen Frau, 34 Jahre, deren Neffe im Alter von 19 Jahren gestorben ist und die am Trauerzentrum Frankfurt an einer Trauergruppe teilgenommen hat).

Studien belegen, dass viele Hinterbliebene eine innere Verbindung zu ihren Verstorbenen pflegen. Shuchter und Zisook (1993) beispielsweise haben in den USA 350 verwitwete Personen 13 Monate nach dem Tod des Partners zu ihrer Verbindung zum Verstorbenen befragt. Dabei stellte sich heraus, dass 49 Prozent der Befragten die Dinge so tun, wie er/sie es getan hätte. Und 33 Prozent sagten, sie seien der verstorbenen Person insgesamt ähnlicher geworden.

Doch es gibt auch andere Stimmen. Immer wieder berichten Hinterbliebene davon, dass sie bestimmte Eigenschaften oder Angewohnheiten der Verstorbenen ablegen oder nicht annehmen möchten (Klass und Walter, 2007). Das Rauchen etwa ist für einige Betroffene eine inakzeptable Angewohnheit. Sie haben den Zigarettengeruch oft als unangenehm empfunden. Wann immer sie nun mit dem Geruch konfrontiert sind, fühlen sie sich an den Verstorbenen erinnert, wollen diese Angewohnheit aber keinesfalls übernehmen. Es erinnert sie vielmehr daran, was sie ihrer Meinung nach besser machen wollen.

D) Die Erinnerung an den Verstorbenen pflegen
Nicht nur die innere Verbindung, sondern auch das gemeinsame Begehen von Ritualen, wie zum Beispiel der gemeinsame Gang zum Friedhof, Fotoalben ansehen, Gedenktage begehen, können den Verstorbenen als Teil der Gemeinschaft lebendig halten. Häufig wird dem Verstorbenen auch ganz konkret ein Platz im sozialen System eingeräumt (zum Beispiel Gedenkecke, Würdigung in der Vereinszeitung, Denkmal).

Auch das Sprechen über den Verstorbenen in der Familie, im Freundeskreis oder der Gemeinde ist eine Form, die Verbindung zum Verstorbenen zu pflegen und die Erinnerung an ihn im sozialen Kontext wach zu halten. Dennis Klass und Tony Walter (2007) sehen im Gespräch über den Verstorbenen, im Erzählen seiner Geschichte ein wesentliches Ritual der postmodernen individualistischen Gesellschaften. Auch die Internet-Memorialseiten können als neuartige Form angesehen werden, die Erinnerung an den Verstorbenen in einer Gemeinschaft lebendig zu halten (Roberts, 2012).

Obwohl viele Betroffene das Sprechen über den Verstorbenen für sich als wichtig erachten, empfinden es nicht alle Mitglieder einer Gemeinschaft, wie zum Beispiel einer Familie, als wohltuend. Einige befürchten etwa, im Austausch ihre Fassung zu verlieren, und sprechen nur ungern über den Verstorbenen.

Darüber hinaus ist es auch eine Frage der Kultur, ob die Hinterbliebenen über die verstorbene Person sprechen wollen. Während der Shiva wird von den Menschen jüdischen Glaubens beispielsweise geradezu erwartet, dass sie über den Verstorbenen sprechen und sein Leben Revue passieren lassen[15]. Wohingegen es den nordamerikanischen Apache-Indianern nicht erlaubt ist, den Namen des Toten überhaupt auszusprechen (Klass und Walter, 2007, S. 440).

Doch nicht nur andere Kulturkreise kennen derartige Bräuche. Auch hierzulande gibt es im Zusammenhang mit der Erinnerungskultur zahlreiche Sitten. Dazu gehört zum Beispiel die Idee, man

---

15 http://www.de.chabad.org/library/article_cdo/aid/1062067/jewish/Die-Grundlagen.htm; Zugriff am 13.05.2015.

solle über den Verstorbenen nichts Schlechtes sagen.[16] Natürlich haben auch solche kulturellen Annahmen Einfluss darauf, wie eine Beziehung zum Verstorbenen gestaltet und erlebt wird.

E) Den Kontakt zum Verstorbenen suchen

Bislang ist wenig darüber bekannt, doch vermutlich ist das Phänomen weiter verbreitet als allgemein angenommen: Hinterbliebene versuchen gezielt, Kontakt zum Verstorbenen herzustellen, zum Beispiel durch hypnotische Verfahren oder durch die Beauftragung eines Mediums. Als Medium bezeichnen sich Menschen, die sich aufgrund besonderer Fähigkeiten in der Lage sehen, als »Kanal« zu dienen, um Botschaften aus einer anderen Welt zu übermitteln.

In Großbritannien sind spiritistische Praktiken deutlich stärker verankert als in Deutschland. Walter (2008) befragte Trauerbegleiter eines englischen Beratungszentrums für verwaiste Eltern. Etwa jeder fünfzehnte Klient erzählte den Trauerbegleitern, dass er bei einem Medium gewesen sei. Walter geht davon aus, dass in Zukunft die Inanspruchnahme eines Mediums in Großbritannien ansteigen wird und dass die Betroffenen immer offener darüber sprechen werden.

Eine Recherche im Internet zeigt, dass die Zahl der Internetseiten, in denen Medien ihre Dienste für Jenseitskontakte anbieten, geradezu unüberschaubar groß ist und die Nachfrage möglicherweise auch in Deutschland vorhanden ist. Welchen Stellenwert der Besuch eines Mediums für Trauernde in Deutschland hat, ist jedoch bislang nicht untersucht worden.

Zusammenfassung

In diesem Abschnitt wurden einige typische Formen beschrieben, wie Verbindungen aufrechterhalten werden. Welche Art der Ver-

---

16 Zum Beispiel http://trauerbewaeltigung.org/anteil-nehmen-und-troesten/; Zugriff am 13.05.2015.

bindung Hinterbliebene aufbauen möchten, ist in der heutigen Zeit jedem selbst überlassen. Dabei sollte jedoch nicht vergessen werden, dass einige Hinterbliebene es vorziehen, vorübergehend oder dauerhaft keine Verbindung zum Verstorbenen zu pflegen (Klass und Walter, 2007, S. 444).

4.4 Fortgesetzte Bindungen: heilsam oder schädlich?

Nachdem die Trauerforschung mittlerweile davon abgerückt ist, andauernde Bindungen pauschal als heilsam oder schädlich anzusehen, versuchen die Wissenschaftler genauer hinzusehen. Denn nach wie vor stellt sich die Frage: Wann ist eine fortgesetzte Bindung für Betroffene hilfreich und wann nicht? Eine eindeutige Antwort darauf steht noch aus. Doch was sich bisher deutlich gezeigt hat, ist die Tatsache, dass zahlreiche individuelle, aber auch prozessbezogene Faktoren Einfluss darauf haben, ob andauernde Bindungen heilsam oder schädlich sind. Bonanno (2009) nennt in diesem Zusammenhang vier Faktoren.

Zeit

Der erste Faktor ist die Zeit. Weitgehend anerkannt in der Fachliteratur ist die Tatsache, dass die Hinterbliebenen kurze Zeit nach dem Tod alle Erinnerungen an den Verstorbenen schmerzvoller erleben als zu einem späteren Zeitpunkt (Attig, 2001). Halten Betroffene also kurz nach dem Tod die Verbindung zum Verstorbenen weiter aufrecht, können die Gespräche mit ihm oder die Gedanken an ihn den Schmerz intensivieren (Field und Friedrichs, 2004). Nigel Field, ein führender Forscher zum Thema andauernde Bindung, war von diesem Ergebnis seiner Studie nicht überrascht. Denn Hinterbliebene haben zu diesem frühen Zeitpunkt noch gar nicht vollständig realisiert, dass die Person tot ist und nie wieder zurückkommen wird. Sie versuchen vielmehr die alte Nähe zur verstorbenen Person wiederherzustellen. Die Anerkennung der Realität des Todes dauert einige Zeit. Wird in dieser frühen Zeit der Aufbau einer neuen Verbindung als Verarbeitungsstrategie genutzt, so sind die Betroffenen dadurch ebenfalls direkt mit dem Verlust konfrontiert, den sie aber möglicherweise noch gar nicht richtig realisiert haben (Field und Friedrichs, 2004). Das kann zu einer Verstärkung des Leidens führen, so dass aus diesem Grund eine andauernde Bindung zu diesem Zeitpunkt nicht heilsam ist. Das Gegenteil kann der Fall sein, wenn der Verlust einige Zeit zurückliegt. Haben Menschen den Verlust schon realisiert und sich mehr oder weniger in dem neuen Leben ohne die verstorbene Person eingerichtet, dann kann die innere Repräsentation des Verstorbenen auch als wohltuend empfunden werden (Field und Friedrichs, 2004, S. 601).

Intensität

Ein weiterer Faktor, den Bonanno anführt, ist die Intensität der neuen Bindung. Genauso wie eine zu starke Bindung an eine lebende Person kann auch eine zu starke andauernde Bindung zu einem Verstorbenen negative Folgen mit sich bringen. Es kommt auf das richtige Maß an. Unabhängig davon, wie viel Zeit seit dem Verlust vergangen ist, können sich Betroffene in Einsamkeit und Sehnsucht verlieren, wenn eine Bindung zu umfassend wird (Bonanno, 2009, S. 142) und das kann hinderlich bei der Verlustverarbeitung sein (Field, 2008).

Qualität der Bindung

Aktuelle Erkenntnisse weisen darauf hin, dass unter anderem auch der Bindungsstil des Hinterbliebenen Einfluss darauf hat, ob seine fortdauernde Bindung zum Verstorbenen problematisch oder heilsam sein wird. Die Wissenschaftler Margaret Stroebe, Henk Schut und Kathrin Boerner (2010) beziehen sich zur Analyse dieser Annahme auf die Bindungstheorie. John Bowlby, der Begründer der Bindungstheorie, war ein britischer Kinderpsychiater und Psychoanalytiker. Er geht davon aus, dass Menschen ebenso wie höher entwickelte Tiere über ein vererbtes Programm verfügen, das dem Überleben dient: das Bindungsverhalten. Es zielt darauf ab, zu jenen Individuen eine besondere Nähe aufzubauen, aufrechtzuerhalten und – wenn die Nähe unterbrochen wird – wiederherzustellen, die für das eigene Überleben wichtig sind (Bowlby, 2006, S. 46).

Doch der angeborene Instinkt, emotionale Bindungen einzugehen, wird im Laufe des Lebens von Lernerfahrungen überformt. Machen Kinder beispielsweise die Erfahrung, dass jemand verlässlich für sie da ist und auf ihre Bedürfnisse eingeht, dann lernen sie vertrauensvolle und sichere Bindungen einzugehen. Werden Kinder jedoch vernachlässigt oder sind die erwachsenen Bezugspersonen unberechenbar launisch, dann lernen Kinder auf der Hut zu sein (Bowlby, 2006). Bowlby und seine Mitarbeiter haben durch Beobachtungen vier verschiedene Bindungsstile unterschieden, die vor allem dann zur Geltung kommen, wenn eine Bindung bedroht wird: sicherer, abhängig-anklammernder, unsicher-vermeidender und desorganisierter Bindungsstil.

Stroebe, Schut und Boerner leiten aus diesen Bindungsstilen Hypothesen ab, wie sich diese jeweils auf die Art der fortgesetzten Bindung auswirken:

- Menschen mit einem sicheren Bindungsstil haben ein sogenanntes Urvertrauen in sich und andere. Sie haben keine Angst vor Nähe und können Trennungen recht gut verarbeiten. Sie sind mit der Zeit in der Lage, die alte Verbindung zu lösen und eine neue symbolische Art der Verbindung aufzubauen. Menschen mit einem sicheren Bindungsstil können eine fortgesetzte Bindung zum Verstorbenen aufrechterhalten und diese auch als heilsam und Trost spendend erleben (Stroebe, Schut, Boerner, 2010, S. 263).
- Menschen mit einem abhängig-anklammernden Bindungsstil haben keine Angst vor Nähe, aber sie erleben eine Trennung als höchst bedrohlich. Stroebe, Schut und Boerner vermuten, dass diese Menschen eine besonders intensive Beziehung zum Verstorbenen pflegen, die ihnen aber in der Stärke nicht gut tut und sie daran hindert, ihr Leben ohne den Verstorbenen zu bewältigen.

- Menschen mit einem unsicher-vermeidenden Bindungsstil haben gelernt, dass es besser ist, sich im Ernstfall nicht auf andere zu verlassen. Sie verarbeiten Trennungen recht gut, haben aber Schwierigkeiten mit Nähe. Sie werden die Bindung zum Verstorbenen wahrscheinlich schnell lösen und keine Notwendigkeit darin sehen, eine Bindung aufrechtzuerhalten. Sie versuchen, sich nicht von anderen abhängig zu machen, und vermeiden Gedanken an die verstorbene Person, obwohl es für sie besser sein könnte, sich mit dem Verlust auseinanderzusetzen und diesen in ihr Leben zu integrieren.
- Menschen mit einem desorganisierten Bindungsstil haben es am schwersten. Sie haben sowohl Angst vor Nähe als auch Angst davor, von einer Bezugsperson verlassen zu werden. Entsprechend pendeln sie bei der Verarbeitung eines Verlustes zwischen extremen Zuständen: Einmal brechen sie die Verbindung zum Verstorbenen radikal ab und dann suchen sie wieder Trost in einer fortbestehenden Bindung.

In einer Übersicht stellt sich das wie folgt dar (Tabelle 3):

Tabelle 3: Bindungsstile und fortgesetzte Bindung (in Anlehnung an Stroebe, Schut und Boerner, 2010)

	positives Bild von sich selbst keine Angst vor Trennung	negatives Bild von sich selbst Angst vor Trennung
positives Bild von anderen keine Angst vor Nähe	sicherer Bindungsstil fortgesetzte Bindung adaptiv	abhängig-anklammernder Bindungsstil fortgesetzte Bindung zu stark
negatives Bild von anderen Angst vor Nähe	unsicherer-vermeidender Bindungsstil fortgesetzte Bindung zu schwach	desorganisierter Bindungsstil fortgesetzte Bindung inkonsistent

Diese vielversprechenden modellhaften Annahmen von Stroebe, Schut und Boerner über den Zusammenhang von Bindungsstil und andauernder Bindung müssen noch weiter empirisch überprüft werden. Die Ergebnisse einiger Studien (zum Beispiel Currier et al., 2015) deuten allerdings darauf hin, dass es diesen vermuteten Zusammenhang gibt und dass Fachkräfte, die mit Betroffenen zu tun haben, den Faktor Bindungsstil bei ihrer Arbeit beachten sollten.

Jenseitsvorstellungen

Den vierten Faktor, der eine bedeutsame Rolle dabei spielt, ob andauernde Bindungen heilsam oder schädlich wirken, nennt Bonanno »Kultur«. Er meint damit die Jenseitsvorstellungen, die Menschen haben. Welcher Überzeugung jemand anhängt, ist auch abhängig von der Gesellschaft, in der er lebt. So sind in Deutschland die Jenseitsvorstellungen eher christlich geprägt, während zum Beispiel in Indien diese Vorstellungen mehrheitlich vom Hinduismus beeinflusst sind. Je nachdem, welche Vorstellungen Menschen vom Jenseits haben, können diese für Betroffene hilfreich oder erschwerend sein. Nehmen Personen beispielsweise an, dass der Verstorbene nun nicht mehr leiden muss und sich an einem besseren Ort befindet, dann kann das tröstlich sein. Stellen sich Betroffene hingegen vor, dass der Verstorbene für die Sünden, die er begangen hat, in der Hölle ist, dann kann die andauernde Bindung für Betroffene angsteinflößend und schmerzvoll sein (Root und Exline, 2014, S. 7).

So erging es auch einer jungen Frau, die stark unter der Selbsttötung ihres Vaters litt. Denn aufgrund ihres Glaubens musste sie annehmen, dass er, weil er sich selbst getötet hat, nicht bei Gott im Himmel, sondern in der Hölle war. Mit Blick auf die Zukunft hieß das auch, dass ein Wiedersehen mit ihm im Himmel unmöglich würde. Ständig kam sie in Gedanken auf diese beiden Punkte zurück. Ärger und Sorge kennzeichneten die andauernde Verbindung, die zunehmend kraftraubender und belastender für sie wurde.

Stärker belastet zeigten sich auch die Teilnehmer an einer Studie von Carr (Carr und Sharp, 2013). Bei einem großen Teil der schon älteren Personen erschwerten die Jenseitsvorstellungen, aber auch die Hoffnung auf Wiedervereinigung mit dem Verstorbenen die Anpassung an das neue Leben. Dies geschah zum einen, weil sie verstärkt ihr Leben auf die Wiedervereinigung ausrichteten und dadurch keine neuen Aufgaben und Rollen übernahmen. Zum anderen geschah es, weil sie sich unsicher waren, ob es wirklich ein Leben nach dem Tod gibt, oder sehr negative Ansichten darüber haben, was dieses Leben mit sich bringen würde (Carr und Sharp, 2013, S. 103). Daher bestehen bei älteren Menschen große Zweifel daran, ob für sie andauernde Bindungen wohltuend sind.

Ob es ein Jenseits gibt und wie es den Verstorbenen dort geht, kann niemand mit letzter Sicherheit beantworten. Für Fachkräfte scheint es jedoch sinnvoll zu sein, dass sie mit den Betroffenen über deren Jenseitsvorstellungen sprechen. Denn diese Gespräche können klären, ob sich eine andauernde Bindung positiv oder negativ auf die Verlustbewältigung auswirkt.

Weitere Faktoren

Neben diesen vier Faktoren, die Bonanno genannt hat, gibt es noch einige andere Punkte, die Einfluss darauf haben, ob fortgesetzte Bindungen schädlich oder heilsam sind. Dazu gehören zum Beispiel auch die Todesumstände (plötzlicher versus zu erwartender Verlust). Verlieren jüngere Menschen ihren Partner unerwartet, halten aber weiterhin eine enge Beziehung zu ihm aufrecht, dann könnten sie große Schwierigkeiten bekommen, den Verlust zu verarbeiten (Stroebe et al., 2011, S. 10). Wird die Verbindung gehalten, war der Verlust allerdings zu erwarten, dann werden sich die Betroffenen mit der Zeit wahrscheinlich gut an das neue Leben anpassen. Dieses Ergebnis einer Studie von Stroebe et al. (2011) ist von Bedeutung, wenn Fachkräfte mit der ersten Personengruppe von Betroffenen zu tun haben, denn sie scheinen langfristig nicht von einer andauernden Bindung zu profitieren.

Weiterhin ist die Art, wie eine andauernde Bindung gelebt wird, von Bedeutung für eine »gelungene« Verlustverarbeitung. So scheinen innere Verbindungen zu den Verstorbenen unproblematischer als externalisierte Verbindungen zu sein (Field und Filanosky, 2010, S. 25). Einigen Betroffenen stehen die Verstorbenen von Zeit zu Zeit noch immer hilfreich zu Seite. Sie fungieren beispielsweise als Ratgeber. In einer Art inneren Monolog fragen sie den Verstorbenen, was er über ein bestimmtes Problem denkt, und überlegen sich dann, wie er es lösen würde. Eine solche Art der andauernden Bindung scheint unproblematisch, da die Personen, die diese Art der Bindung pflegen, grundsätzlich davon ausgehen, dass der Verstorbene tot ist. Im Gegensatz dazu verhalten sich einige Betroffene so, als wäre der Verstorbene noch da. Sie versuchen zum Beispiel über Gegenstände, die dem Verstorbenen gehören, eine Verbindung herzustellen, oder tagträumen, der Verstorbene wäre anwesend. Diese Formen externalisierter Verbindungen können die Anpassung an den Verlust erschweren. Grundsätzlich ist aber bei jeder Form andauernder Verbindung wichtig, dass Hinterbliebene anerkennen, dass die Verbindung, so wie sie zu Lebzeiten bestand, nicht mehr existiert.

4.5 Worauf können Fachkräfte achten?

Betrachtet man nun alle Faktoren, die im vorangegangen Kapitel aufgeführt wurden, so ist leicht ersichtlich, dass keine einfache Antwort auf die Frage, ob Bindungen nun gelockert oder in neuer Form weiter bestehen sollen, möglich ist. Viele Faktoren spielen eine Rolle und die Wissenschaft steckt noch mitten in der Erforschung dieses Themas. Die Fachkräfte werden nicht umhinkommen, viele der oben aufgeführten Punkte bei ihrer Arbeit mit den Betroffenen zu beachten, wenn sie keinen Schaden bewirken möchten. Um sich dennoch etwas orientieren zu können, kann es sinnvoll sein, grundsätzlich zwei Kriterien, die eine heilsame Bindung zum Verstorbenen kennzeichnen, im Auge zu behalten.

1. Es muss dem Trauernden klar sein, dass der Verstorbene tot ist und nicht mehr zurückkommen wird (Field, 2008, S. 118). Die Anerkennung der Realität des Todes braucht häufig einige Zeit. Doch wenn die fortgesetzte Bindung nach Monaten noch in der Hoffnung gelebt wird, dass der Verstorbene nicht wirklich tot ist und wieder zurückkommen könnte, dann ist diese Form der andauernden Bindung problematisch.
2. Die andauernde Bindung darf der Ausrichtung auf ein neues Leben ohne den Verstorbenen nicht im Wege stehen (Field, 2008, S. 118).

Zusammenfassend lässt sich sagen, dass viele Personen, die einen Verlust erlitten haben, eine andauernde Bindung zum Verstorbenen aufrechterhalten. Das geht auch aus den Erzählungen vieler Betroffener aus Deutschland hervor. Dennoch, aus der einfachen Tatsache, dass Hinterbliebene dies tun, lässt sich weder ableiten, dass fortgesetzte Bindungen eine wirkungsvolle Verarbeitungsstrategie bei der Bewältigung von Verlusten darstellen, noch dass sie für die Mehrheit der Menschen heilsam sind.

4.6 Auf einen Blick

- Der Tod beendet ein Leben, doch nicht zwangsläufig eine Beziehung.
- Bis heute hat sich im Allgemeinverständnis die Auffassung vom Lösen der Bindung beziehungsweise vom Loslassen gehalten.
- Für viele Menschen besteht die Beziehung in veränderter Form weiter. Andere ziehen es vor, vorübergehend oder dauerhaft keine Verbindung mehr zum Verstorbenen zu pflegen. Beides ist normal und kann sowohl hilfreich als auch problematisch sein.
- Die Art, wie Menschen eine fortbestehende Bindung gestalten und erleben, ist vielfältig und divers.
- Andauernde Bindungen sind nicht entweder heilsam oder schädlich, das ist zu pauschal gedacht.

- Zahlreiche individuelle und prozessbezogene Faktoren haben Einfluss darauf, ob eine andauernde Bindung für einen Betroffenen wohltuend ist.
- Hinterbliebene müssen anerkennen, dass die Beziehung so, wie sie zu Lebzeiten bestand, nicht mehr existiert.

4.7 Literatur

Attig, Thomas (2001). Relearning the World: Making and Finding Meanings. In: Neimeyer, Robert A. (Hrsg.): Meaning Construction and the Experience of Loss. Washington.

Bonanno, George A. (2009). The Other Side of Sadness. What the New Science of Bereavement Tells Us about Life after Loss. New York.

Bowlby, John (2006). Bindung und Verlust. Band 3: Verlust. Trauer und Depression. München.

Carr, Deborah; Sharp, Shane (2013). Do Afterlife Beliefs Affect Psychological Adjustment to Late-life Spousal Loss? Journals of Gerontology, Series B: Psychological Sciences and Social Sciences, 69, 1, S. 103–112.

Currier, Joseph M.; Irish, Jennifer E. F.; Neimeyer, Robert A.; Foster, Joshua D. (2015). Attachment, Continuing Bonds, and Complicated Grief Following Violent Loss: Testing a Moderated Model. Death Studies, 39, 4, S. 201–210.

Field, Nigel P. (2008). Whether to Relinquish or Maintain a Bond with a Deceased. In: Stroebe, Margaret S.; Hansson, Robert O.; Schut, Henk; Stroebe, Wolfgang: Handbook of Bereavement Research and Practice. Advances in Theory and Intervention. Washington, London.

Field, Nigel P.; Filanosky, Charles (2010). Continuing Bonds, Risk Factors for Complicated Grief, and Adjustment to Bereavement. Death Studies, 34, 1, S. 1–29.

Field, Nigel P.; Friedrichs, Michael (2004). Continuing Bonds in Coping with the Death of a Husband. Death Studies, 28, 7, S. 597–620.

Field, Nigel P.; Gal-Oz, Eyal; Bonanno, George (2003). Continuing Bonds and Adjustment 5 Years After the Death of a Spouse. Journal of Consulting and Clinical Psychology, 71, 1, S. 110–117.

Francis, Doris; Kellaher, Leonie; Lee, C. (1997). Talking to People in Cemeteries. Journal of the Institute of Burial and Cremation Administration, 65, 1, S. 14–25.

Freud, Sigmund (1946). Trauer und Melancholie. Gesammelte Werke, Band X. London, Frankfurt a. M.

Freud, Sigmund (1917). Trauer und Melancholie. Internationale Zeitschrift für Ärztliche Psychoanalyse, 4, 6, S. 288–301.
Freud, Sigmund; Binswanger, Ludwig (1992). Briefwechsel 1908–1938. Frankfurt a. M.
Hall, Christopher (2014). Bereavement Theory: Recent Developments in Our Understanding of Grief and Bereavement. Bereavement Care, 33, 1, S. 7–12.
Kachler, Roland (2007). Damit aus meiner Trauer Liebe wird. Neue Wege in der Trauerarbeit. Stuttgart.
Klass, Dennis (2006). Continuing Conversation about Continuing Bonds. Death Studies, 30, 9, S. 843–858.
Klass, Dennis; Silverman, Phyllis R.; Nickman, Steven L. (1996). Continuing Bonds: New Understandings of Grief. Washington.
Klass, Dennis; Walter, Tony (2007). Process of Grieving: How Bonds Are Continued. In: Stroebe, Margaret S.; Hansson, Robert O.; Stroebe, Wolfgang; Schut, Henk: Handbook of Bereavement Research. Consequences, Coping, and Care. 5. Auflage. Washington, London.
Neimeyer, Robert A. (Hrsg.) (2001). Meaning Construction and the Experience of Loss. Washington.
Parkes, Colin M.; Weiss, Robert S. (1983). Recovery from Bereavement. Northvale.
Rando, Therese (1984). Grief, Dying, and Death: Clinical Interventions for Caregivers. Champaign.
Raphael, Beverley (1983). The Anatomy of Bereavement. New York.
Rees, Dewi W. (1997). Death and Bereavement: The Psychological, Religious and Cultural Interfaces. London.
Rees, Dewi W. (1971). The Hallucinations of Widowhood. British Medical Journal, 4, S. 37–41.
Roberts, Pamela (2012). ›2 people Like This‹: Mourning According to Format. Bereavement Care, 31, 2, S. 55–61.
Root, Briana L.; Exline, Julie Juola (2014). The Role of Continuing Bonds in Coping With Grief: Overview and Future Directions. Death Studies, 38, 1, S. 1–8.
Rosenblatt, Paul C. (1983). Bitter, Bitter Tears: Nineteenth Century and Twentieth Century Grief Theories. Minneapolis.
Rosner, Rita; Pfoh, Gabriele; Rojas, Roberto; Brandstätter, Monika; Rossi, Ruth; Lumbeck, Gudrun; Kotoučová, Michaela; Hagl, Maria; Geissner, Edgar (2015). Anhaltende Trauerstörung. Manuale für Einzel- und Gruppentherapie. Göttingen u. a.
Shand, Alexander F. (1914). The Foundations of Character. London.
Shuchter, Sidney; Zisook, Stephen R. (1993). The Course of Normal Grief. In: Stroebe, Margaret S.; Stroebe, Wolfgang; Hansson, Robert O.: Handbook of Bereavement. Theory, Research, and Intervention. Cambridge.

Silverman, Phyllis R.; Nickman, Steven L. (1996). Children's Construction of Their Dead Parent. In: Klass, Dennis; Silverman, Phyllis R.; Nickman, Steven L.: Continuing Bonds: New Understandings of Grief. Washington.
Steffen, Edith; Coyle, Adrian (2012). Sense of Presence Experiences in Bereavement and their Relationship to Mental Health: A Critical Examination of a Continuing Controversy. In: Murray, Craig (Hrsg.): Mental Health and Anomalous Experience. New York.
Stroebe, Margaret S.; Abakoumkin, Georgios; Stroebe, Wolfgang; Schut, Henk (2011). Continuing Bonds in Adjustment to Bereavement: Impact of Abrupt Versus Gradual Separation. Personal Relationships, 19, 2, S. 255–266.
Stroebe, Margaret S.; Hansson, Robert O.; Stroebe, Wolfgang; Schut, Henk (2007). Handbook of Bereavement Research. Consequences, Coping, and Care. 5. Auflage. Washington, London.
Stroebe, Margaret S.; Schut, Henk (2005). To Continue or to Relinquish Bonds: A Review of Consequences for the Bereaved. Death Studies, 29, 6, S. 477–494.
Stroebe, Margaret S.; Schut, Henk; Boerner, Kathrin (2010). Continuing Bonds in Adaption to Bereavement: Towards Theoretical Integration. Clinical Psychology Review, 30, 2, S. 259–268.
Stroebe, Margaret S.; Stroebe, Wolfgang; Hansson, Robert O. (1993). Handbook of Bereavement. Theory, Research, and Intervention. Cambridge.
Tyson-Rawson, Kirsten (1996). Relationship and Heritage: Manifestations of Ongoing Attachment Following Father Death. In: Klass, Dennis; Silverman, Phyllis R.; Nickman, Steven L.: Continuing Bonds: New Understandings of Grief. Washington.
Walter, Tony (2008). Mourners and Mediums. Bereavement Care, 27, 3, S. 47–50.
Willmann, Hildegard; Müller, Heidi (2012). Über den Tod hinaus. Vom Lösen und Fortsetzen der Bindung zum Verstorbenen. Aeternitas-Service-Reihe: Trauer. http://www.gute-trauer.de/inhalt/vortragsmodule_trauer/trauer_continuing_bonds/text_continuing_bonds.pdf
Wittkowski, Joachim (2013). Würzburger Trauerinventar. Mehrdimensionale Erfassung des Verlusterlebens. Manual. Göttingen u. a.
Worden, William J. (2011). Beratung und Therapie in Trauerfällen. 4., überarbeitete und erweiterte Auflage. Bern.
Worden, William J. (1982). Grief Counselling and Grief Therapy. New York.

5 Resilienz:
Ein anderer Blick auf Verlustreaktionen

Während eines Seminars zum Thema Trauer fragte eine Studentin: »Frau Müller, wie kann es sein, dass meine Mutter, als sie vor acht Jahren ihr Baby während der Schwangerschaft verloren hat, kaum von dem Verlust betroffen war? Ganz ehrlich, damals hat meine Familie sie immer wieder ein wenig schräg angesehen, weil sie eigentlich so weitergemacht hat wie bisher. Ich dachte, sie verdrängt den Verlust vielleicht. Aber auch in der ganzen Zeit danach zeigte sich nichts. Und als dann ihr Vater, also mein Opa, starb, hat sie das über Monate wirklich sehr bewegt. Warum hat sie einmal so und ein andermal so reagiert? Welche Erklärung haben Sie dafür?«

In unserem Kulturkreis wird allgemein davon ausgegangen, dass ein bedeutsamer Verlust regelmäßig zu intensivem Leiden führt und dass dieses Leiden über einen längeren Zeitraum hinweg unumgänglich und notwendig ist, um den Verlust zu verarbeiten. Bestärkt wird diese Annahme durch viele Beiträge in Zeitschriften, Büchern, dem Radio oder Fernsehen. So berichtete die »Bild«-Zeitung etwa auf der Titelseite, wie sehr Gundel Fuchsberger unter dem Tod ihres Mannes, Blacky Fuchsberger, leide (»Bild«, 2014, S. 1). Und in der Sendung »Planet Wissen« des WDR kündigt der Moderator einen Beitrag damit an, dass er mit einer Frau über ihren Kampf zurück ins Leben sprechen wolle, nachdem ihre gesamte Familie bei einem Autounfall ums Leben kam.[17] Das Thema Trauer ist in den Medien sehr präsent, doch die Botschaften sind einseitig: Einen Verlust zu

---

17 https://www.youtube.com/watch?v=S9ULaWwLuwM; Zugriff am 17.08.2015.

erleiden, ist verbunden mit intensivem Leiden und der Weg zurück ins Leben ist anstrengend. Kein Wunder also, dass die Studentin Schwierigkeiten damit hatte, die beiden Verlusterfahrungen ihrer Mutter stimmig einzuordnen.

So wird es mit großem Misstrauen betrachtet, wenn jemand nach einem bedeutsamen Verlust Trauer nur in einer sehr milden Form erlebt und im Alltag recht schnell wieder zu einem normalen Leben zurückfindet. Häufig werden dann Rückschlüsse gezogen, die die Qualität der Beziehung, die Persönlichkeit des Hinterbliebenen oder dessen Bewältigungsverhalten in Frage stellen: War die Beziehung vielleicht gar nicht so bedeutsam, wie es nach außen hin erschien? Ist der Betroffene vielleicht von seiner Persönlichkeit her generell gefühlsarm und distanziert? Oder hat der Hinterbliebene die Trauer nur verdrängt, verleugnet oder aufgeschoben, wofür er langfristig einen hohen Preis wird bezahlen müssen, zum Beispiel durch später auftretende psychosomatische Erkrankungen?

Menschen, die keine oder sehr milde Formen der Trauer zeigen, geraten schnell in den Verdacht, ihre Trauer zu verdrängen, und ihnen wird unterstellt, dass sie eine problematische Abweichung von »normaler« Trauer entwickelt hätten. Lange Zeit war dies auch unter den Experten der vorherrschende Blick (zum Beispiel Bowlby, 1980, Osterweis, Solomon und Green, 1984). Für einige Fachkräfte (zum Beispiel Rando, 1993) war die fehlende Trauer einer der wichtigsten Indikatoren für Komplizierte Trauer. Andere sahen darin den Ausdruck einer narzisstischen Persönlichkeit, die gar nicht begreifen konnte, was sie verloren hat (Raphael, 1983, S. 205 f.). Entsprechend galt es in der praktischen Arbeit als sinnvoll, zu ergründen, warum diese Personen den Verlust nicht wahrhaben wollten, und sie mit dem Tod der Person und ihrer Angst zu konfrontieren (Rando, 1993).

Erst Ende der 1980er Jahre begannen Wissenschaftler damit, diese Annahmen anhand empirischer Studien zu hinterfragen (Wortman und Silver, 1989). Und neuere Forschungsergebnisse belegen, dass ein relativ milder Verlauf von Trauer wesentlich häufiger vorkommt, als bislang angenommen wird. Doch ein solcher

Verlauf ist nicht zwingend als Anzeichen einer problematischen Verarbeitung des Verlustes zu bewerten, sondern kann vielmehr dadurch erklärt werden, dass einige Menschen gegenüber Belastungen und Schicksalsschlägen widerstandsfähiger sind als andere. Hierfür hat sich der Begriff »Resilienz« eingeprägt (Bonanno, 2004). Mittlerweile ist das Thema auch bei den Trauerfachkräften in Deutschland angekommen. Häufig wird Resilienz aber als ein Persönlichkeitsmerkmal angesehen, auf das Betroffene hinarbeiten können. Doch ob diese Vorstellung tatsächlich zutreffend ist und was das Thema Praktikern darüber hinaus inhaltlich zu bieten hat, wird in diesem Kapitel erläutert.

5.1 Resilienz: Was ist das?

Wenn man versucht, das Wort »Resilienz« in einem älteren deutschsprachigen Fremdwörterbuch (zum Beispiel Wahrig, 2001), einem psychologischen Wörterbuch (zum Beispiel Fröhlich, 2008) oder auch in einem etymologischen Wörterbuch (zum Beispiel Kluge, 1995) nachzuschlagen, dann fällt auf, dass es sich bei dem Begriff Resilienz um ein modernes Wort handeln muss, denn es taucht in den älteren Ausgaben nicht auf. Vielmehr scheint es, als sei das Wort von dem englischen Begriff »resilience« abgeleitet, das übersetzt so viel wie »Spannkraft, Elastizität« (Langenscheidts Handwörterbuch, 1988, S. 539) bedeutet. Dieses wiederum geht zurück auf das lateinische Wort »resilire«[18], was so viel wie »abprallen« heißt. Aus dem Blickwinkel der Psychologie betrachtet, beschreibt der Begriff »Resilienz« die Beobachtung, dass manche Menschen keine umfassenden Belastungsreaktionen zeigen, obwohl sie potenziell belastenden Lebensumständen ausgesetzt waren. Synonym werden auch die Begriffe »psychische Robustheit« oder »psychische Elastizität« verwendet.

---

18 http://www.etymonline.com/index.php?term=resilience; Zugriff am 21.08.2015.

Das Gegenstück zu Resilienz ist »Vulnerabilität« (Verletzbarkeit). Als vulnerabel gelten Personen, die besonders anfällig dafür sind, auf Belastungen mit Erkrankungen, insbesondere psychischen Störungen, zu reagieren. Die Psychologie befasste sich nach dem Zweiten Weltkrieg fast ausschließlich nur noch mit dem Thema Vulnerabilität (Seligman, 2002). Die Erforschung von psychischen Erkrankungen und heilenden Maßnahmen stand im Vordergrund. Die zwei weiteren Themenstränge, Lebenszufriedenheit und Talentförderung, denen vor dem Zweiten Weltkrieg ebenso viel Beachtung geschenkt wurde wie der Erforschung von psychischen Erkrankungen, gerieten in Vergessenheit (Seligman, 2002). Erst in den letzten fünfzig Jahren fand eine langsame Umkehr der Blickrichtung statt. Damit fanden Ansätze zum Beispiel der Positiven Psychologie verstärkt Berücksichtigung und anstatt zu fragen, was Menschen krank macht, suchen diese Ansätze nach Antworten auf die Frage, wie es kommt, dass Menschen trotz widriger Umstände gesund bleiben.

5.2 Resilienz in der Trauerforschung

Vieles von dem, was wir heute über psychologische Resilienz wissen, hat seine Ursprünge in der Entwicklungspsychologie. So fand zum Beispiel Emmy Werner (1995) in einer Längsschnittstudie[19] bei 698 Kindern auf der Insel Kauai, Hawaii, heraus, dass sich ein Drittel der Kinder im Laufe ihres Lebens sehr positiv entwickelten, obwohl sie unter äußerst ungünstigen Bedingungen aufwuchsen. Dieses Ergebnis wird in der Entwicklungspsychologie als Resilienz

---

19 In der Psychologie versteht man unter einer Längsschnittstudie ein methodisches Vorgehen, bei dem dieselben Menschen über längere Zeit hinweg in bestimmten Zeitintervallen immer wieder befragt oder getestet werden (Fröhlich, 2008). Damit lassen sich individuelle Entwicklungsverläufe erfassen. Die oben genannte Studie von Werner begann mit der Geburt der Personen im Jahr 1955. Danach wurden ihre Lebensumstände und die persönliche Entwicklung in regelmäßigen Abständen (im Alter von 1, 2, 10, 18 und 32 Jahren) untersucht (Werner, 1995).

bezeichnet und die Schutzfaktoren, die zu diesem Ergebnis führen, bilden den Gegenstand der Untersuchungen. In der Trauerforschung bezeichnet der Begriff etwas anderes.

Der US-amerikanische Psychologie-Professor George A. Bonanno, der das Thema in die Trauerforschung eingebracht hat, definiert Resilienz folgendermaßen:

»Resilienz angesichts von Verlusten und potenziell traumatischen Ereignissen meint die Fähigkeit von Erwachsenen, die sich ansonsten in normalen Lebensumständen befinden, ein relativ stabiles Muster gesunden psychischen und körperlichen Funktionierens zu erhalten, nachdem sie einem einmaligen und potenziell sehr erschütternden Ereignis ausgesetzt waren, wie zum Beispiel dem Tod eines nahen Verwandten, einer Gewalttat oder einer lebensbedrohlichen Situation« (Bonanno, 2004, S. 20).

Im Gegensatz zur Entwicklungspsychologie, die lang anhaltende Belastungen betrachtet, untersucht die Trauerforschung also die Auswirkungen singulärer, potenziell sehr erschütternder Ereignisse. Statt Kinder stehen hier Erwachsene im Mittelpunkt. Zeigt sich, dass diese gar nicht oder kaum von den Erlebnissen beeinträchtigt sind und das Erlebte leicht hinter sich gelassen haben, spricht man von Resilienz. Resilienz ist das Resultat eines ganz speziellen Verlaufs angesichts eines potenziell sehr erschütternden Ereignisses (Bonanno, 2004). Entwicklungspsychologie und Trauerforschung untersuchen also ganz unterschiedliche Zielgruppen und Ereignisse. Somit wäre es fragwürdig, die Ideen und Erkenntnisse aus dem einen Bereich einfach ungeprüft auf den anderen zu übertragen. Bonanno (2012b) beobachtet mit Sorge, wie unspezifisch der Begriff Resilienz im Bereich Trauer verwendet wird, und erklärt aus diesem Grund, was unter Resilienz *nicht* verstanden werden kann:

1. Resilienz ist kein Persönlichkeitsmerkmal
Es gibt Unternehmen (zum Beispiel Questar, GlaxoSmithKline), die ihren Mitarbeitern Trainings zur Stärkung ihrer persönlichen Resi-

lienz anbieten. Die American Psychological Association benennt auf ihrer Internetseite zehn Aspekte, die Menschen dabei behilflich sein können, Resilienz zu entwickeln.[20]

Derartige Beiträge suggerieren, Resilienz wäre eine persönliche Eigenschaft, die Menschen sich erarbeiten können. Sie findet sich auch in zahlreichen deutschsprachigen Beiträgen zum Thema Verlust und Resilienz wieder (zum Beispiel Gruhl, 2014, Bongartz und Kraft, 2012). Unstrittig ist: Die Persönlichkeit eines Menschen spielt eine Rolle dabei, wie Menschen Verlustsituationen erleben. Doch sie stellt nur einen Einflussfaktor unter vielen dar (Bonanno, 2012b). Hinzu kommt, dass die Persönlichkeit nicht als stabile Konstante aufgefasst werden kann (Mischel, 1969). Ein Mensch reagiert je nach Situation sehr verschieden und der Aspekt Persönlichkeit kann diese unterschiedlichen Verhaltensweisen nur in sehr geringem Maße (zu etwa 10 Prozent) erklären (Mischel, 1969). Der Faktor Persönlichkeit wird also stark überschätzt (Bonanno, Westphal und Mancini, 2011, S. 519). Da die individuellen Faktoren jedoch häufiger untersucht und erwähnt werden, kann leicht der Eindruck entstehen, es gäbe so etwas wie einen resilienten Persönlichkeitstypus. Doch dem ist nicht so. Es gibt vielmehr zahlreiche Aspekte (individuelle, demografische, soziale, ökonomische etc.), die Einfluss darauf haben, wie stark ein Mensch durch einen Verlust beeinträchtigt ist (Bonanno et al., 2011). Und da die Lebens- und Todesumstände je nach Verlustsituation immer andere sind, kann ein Mensch vom Tod einer nahestehenden Person mal sehr betroffen sein oder ist es ein anderes Mal nicht.

So war es zum Beispiel bei einer berufstätigen Frau, die an einer Gruppe am Trauerzentrum Frankfurt teilnahm. Ihr Sohn starb vor fünfzehn Jahren. Diesen Verlust bewältigte sie vergleichsweise gut. Sie war jung, gesund, reisefreudig, lebte in einer stabilen Beziehung, hatte eine feste Arbeitsstelle und wohnte in einem sicheren Viertel mit netten Nachbarn. Viele Jahre später starb ihr Partner. Zu dieser

---

20 http://www.apa.org/helpcenter/road-resilience.aspx; Zugriff am 26.08.2015.

Zeit litt sie selbst an Rheuma, hatte ihren Mann aber zu Hause pflegen können. Aufgrund ihrer Krankheit, aber auch wegen der Pflegesituation arbeitete sie nur noch halbtags und war finanziell nicht mehr so gut abgesichert. Aus dem gemeinsamen Reihenhäuschen musste sie aus diesem Grund ausziehen. Die Nachbarn und Freunde wohnten auf einmal weit weg. Im Gegensatz zum Verlust ihres Sohnes beeinträchtigte sie der Tod des Partners stark und es dauerte lange Zeit, bis es ihr wieder gut ging.

2. Resilienz ist nicht die Abwesenheit von Psychopathologie

Erleben Menschen einen Verlust, kann der Grad an Betroffenheit sehr unterschiedlich sein. Einige sind gleich zu Beginn stark betroffen, erholen sich im Laufe der Zeit aber wieder gut. Andere leiden kaum oder gar nicht. Und für manche Personen ist die Belastung nicht nur am Anfang sehr hoch, sie nimmt auch über die Jahre hinweg kaum ab. Betroffene sind sehr unterschiedlichen Stressoren ausgesetzt. Und somit verläuft auch die Trauer bei jedem Menschen etwas anders. Die Trauerforschung bemüht sich zu ergründen, warum sie bei Menschen so unterschiedlich verläuft. Aktuell diskutiert sie vier verschiedene Trauerverläufe (Bonanno, 2012b). Ginge man nun vereinfacht betrachtet davon aus, dass grundsätzlich alle Menschen, die nach einem Verlust keine psychischen Krankheiten entwickeln, resilient wären, würde man die unterschiedlichen Trauerverlaufsmuster schlicht außer Acht lassen. Dann gäbe es nur zwei Möglichkeiten: Entweder jemand entwickelt infolge einer Verlusterfahrung eine Erkrankung und hätte damit einen komplizierten Trauerverlauf oder alle anderen Personen, unabhängig von ihrem Grad an Belastung, wären resilient. Eine solch binäre Sichtweise, wie sie in einigen Studien (zum Beispiel Alim et al., 2008) anklingt, ist irreführend und spiegelt das Erleben der Betroffenen kaum wider (Bonanno, 2012b). Zudem hilft eine solche Sichtweise nicht dabei zu ergründen, wie es zu den unterschiedlichen Erfahrungen, die Betroffene machen, kommt und wie ihnen geholfen werden kann.

3. Resilienz heißt nicht einfach bei guter Gesundheit sein
Es gibt Studien (zum Beispiel Wingo et al., 2010), die nur einmalig den Grad der Belastung von Betroffenen erheben oder sie retrospektiv erfassen, also erst lange nachdem das potenziell erschütternde Ereignis stattgefunden hat. Diese Studien lassen den Eindruck entstehen, dass die Menschen, denen es zum Zeitpunkt der Untersuchung gut geht, folglich auch resilient sein müssten. Doch befragt man Betroffene nur einmalig, weiß man nicht, wie sich ihr Zustand zukünftig entwickelt. Befragt man sie hingegen lange Zeit nach dem Erlebnis, lässt sich nur sagen, dass es ihnen momentan gut geht. Wie es ihnen vorher ging, bleibt offen, denn Erinnerungen stellen keine verlässlichen Aussagen dar. Vielleicht waren sie kurz nach dem Ereignis doch stark belastet, die Beeinträchtigungen haben aber über die Zeit stetig abgenommen und der Verlust ist nun gerade zum Zeitpunkt der Befragung schon überwunden. Das würde einem normalen Trauerverlauf entsprechen, kann aber nicht als Resilienz bezeichnet werden (Bonanno, 2012b). Viele Fachkräfte interessieren sich für wissenschaftliche Studien. Diese sind unerlässlich, um die Erfahrungen von Betroffenen richtig einschätzen zu können. Dennoch ist es notwendig, genau hinzuschauen, wie Studien angelegt sind, denn sonst können die Ergebnisse irreführende Ideen hervorrufen.

Zusammenfassend lässt sich festhalten, dass Resilienz, so wie Bonanno sie versteht, im Einzelfall nicht vorhersagbar ist, sondern erst als Ergebnis nach einem potenziell belastenden Ereignis festgestellt werden kann (Mancini und Bonanno, 2009, S. 1807). Dann ist es jedoch möglich, Rückschlüsse auf Faktoren zu ziehen, die Resilienz möglicherweise fördern können.

5.3 Wie häufig ist Resilienz nach Verlusten?

Frühere Untersuchungen über Trauer beruhten oft auf klinischen Stichproben (Bonanno, 2004). Das heißt, die Studienteilnehmer waren Personen, die aufgrund ihres Verlustes in therapeutischer

Behandlung waren oder eine Selbsthilfegruppe besuchten. Menschen, die nach ihrem Verlust gut zurechtkamen, sind bei diesen Erfahrungswerten und Forschungsansätzen schlicht nicht erfasst worden. Weshalb sollte denn auch jemand, der gut zurechtkommt, beispielsweise an einer Trauergruppe teilnehmen? Damit war aber über diese Seite des Kontinuums wenig bekannt. Erst mit etwas anderen Forschungsansätzen erfuhr man mehr über die unterschiedlichen Erfahrungen, die Menschen machten. Insbesondere prospektive Langzeitstudien tragen wesentlich zu einem erweiterten Kenntnisstand bei (Bonanno et al., 2002). Sie erheben Daten über einen längeren Zeitraum hinweg, indem sie große Bevölkerungsstichproben immer wieder befragen. So können Menschen sogar schon Teil einer Untersuchung sein, bevor sie durch den Tod einer nahestehenden Person zu einem Hinterbliebenen werden. Das ist sehr aufschlussreich, denn auf diese Weise können Informationen darüber gesammelt werden, wie zum Beispiel die Lebensqualität oder auch die Qualität der Beziehung vor dem Tod war (Bonanno et al., 2002). Wenn jemand schon vor dem Tod einer nahestehenden Person zum Beispiel unter einer Depression litt, dann stellt sich die Frage, ob die depressive Verfassung nach dem Verlust nicht in erster Linie ein Weiterbestehen der Depression ist. Ohne prospektive Daten würde man von der depressiven Grunderkrankung vielleicht gar nichts wissen und alle Symptome dem Verlust zuordnen. Dies kann zu fehlerhaften Annahmen und in der Konsequenz dazu führen, dass Betroffene keine angemessene Unterstützung erhalten.

Auch wenn die Erforschung des Themas Resilienz im Zusammenhang mit Verlusten noch in ihren Anfängen steckt, belegen die bisherigen Forschungsergebnisse, dass Resilienz angesichts potenziell erschütternder Erlebnisse eher die Regel als die Ausnahme darstellt (Bonanno und Mancini, 2008). Drei dieser zahlreichen Studien werden exemplarisch an dieser Stelle vorgestellt.

Resilienz angesichts einer schwerwiegenden Krankheit

Einige Menschen leiden nach einer erfolgreichen Brustkrebsbehandlung an Depressionen. Es ist jedoch nur wenig darüber bekannt, wie diese Erkrankung bei Brustkrebspatienten verläuft und wie viele Personen sie überhaupt entwickeln. Um mehr darüber zu erfahren, wurden 84 Frauen direkt nach dem Behandlungsende und 3 Monate beziehungsweise 6 Monate später befragt. Es zeigte sich, dass einige Teilnehmerinnen während des gesamten Studienverlaufs unter Depressionen litten. Bei anderen wiederum ließen die depressiven Symptome im Laufe des Befragungszeitraums stark nach. Aber immerhin 51 Frauen (61 Prozent) zeigten während der gesamten Untersuchung kaum Anzeichen einer Depression. Deshields und ihre Kollegen (2006) folgerten aus ihren Studienergebnissen, dass Resilienz das häufigste Verhaltensmuster angesichts potenziell erschütternder Erlebnisse ist.

Resilienz angesichts potenziell traumatischer Erlebnisse

Etwa die Hälfte aller erwachsenen Personen war schon mindestens einmal einem potenziell traumatischen Ereignis (PTE) ausgesetzt (Bonanno et al., 2005, S. 984). Obwohl diese Erfahrung die meisten Betroffenen erschüttert, entwickeln nur wenige Personen (zwischen 5 und 10 Prozent) in der Folge eine Posttraumatische Belastungsstörung (PTBS). Dies zeigten Bonanno und seine Kollegen (2006) in einer Studie, die nach den Anschlägen auf das World Trade Center (WTC) am 11. September 2001 durchgeführt wurde.

An der Studie nahmen 2.752 Personen teil. Sie haben die Anschläge auf unterschiedliche Weise miterlebt. Der größte Teil der Personen (798) hat sich in der Nähe des WTCs aufgehalten und war Augenzeuge der Anschläge. Andere Befragte befanden sich zum Zeitpunkt der Anschläge direkt im World Trade Center (22 Personen) oder waren zum Beispiel aufgrund der Rettungsaktionen vor Ort (296 Personen). Viele Teilnehmer waren nicht vor Ort, haben aber einen Freund oder Angehörigen bei den Anschlägen verloren (392 Personen), andere ihren Besitz (105 Personen).

Die Teilnehmer an der Studie wurden je nach Bezug zum Ereignis in mehrere Gruppen eingeteilt. So konnte verglichen werden, welche Unterschiede es zwischen den Gruppen in Bezug auf das Auftreten von PTBS und Resilienz gab.

Insgesamt zeigte sich, dass sechs Monate nach dem Ereignis von allen befragten Personen 6 Prozent die Kriterien für eine PTBS erfüllten. 28,9 Prozent der Befragten wiesen Zeichen einer psychischen Belastung auf, die jedoch unterhalb der Kriterien für eine PTBS blieben. Die Mehrheit von 65,1 Prozent war jedoch resilient, das heißt, diese Personen waren kaum oder gar nicht psychisch belastet.

Von jenen Teilnehmern, die sich zur Zeit des Ereignisses in der Nähe des WTCs aufhielten, reagierten mehr als die Hälfte (55,6 Prozent) mit Resilienz. Gleiches trifft auch auf die Personen zu, die eine Bezugsperson durch die Anschläge verloren hatten oder an Rettungsaktionen beteiligt und vor Ort waren.

Selbst für jene Untergruppen, die durch die Anschläge verletzt wurden oder sich zum Zeitpunkt der Anschläge im WTC aufhielten, ergaben sich ähnliche Resultate. Die Kriterien einer PTBS erfüllten 26,1 Prozent der Befragten, die durch die Anschläge verletzt wurden, und 25,4 Prozent der Personen, die sich zum Zeitpunkt der Anschläge im WTC aufhielten. Überraschenderweise betrug jedoch auch hier der Anteil an resilienten Menschen immer noch gut ein Drittel (32,8 Prozent bei den verletzten Personen; 53,5 Prozent bei den Teilnehmern, die sich zum Zeitpunkt der Anschläge im WTC aufhielten).

Somit zeigt sich in dieser Studie, auch wenn es um potenziell traumatische Erlebnisse geht, dass resiliente Verläufe häufiger anzutreffen sind, als allgemein angenommen wird.

Resilienz angesichts von Verlusterlebnissen
Im Rahmen einer groß angelegten Studie[21] wurden 1.532 ältere[22] Menschen über mehrere Jahre hinweg begleitet. Dabei gab es auch Teilnehmer, deren Partner im Laufe der langen Studienphase verstarb. So konnten 205 Personen nicht nur 6 und 18 Monate nach dem Verlust befragt werden, sondern man wusste auch, wie es ihnen zu einer Zeit (im Durchschnitt drei Jahre vor dem Verlust) ging, als der Partner noch lebte. Von besonderem Interesse ist bei dieser Studie die depressive Symptomatik, da sie oft herangezogen wird, um zu belegen, wie stark Menschen unter einem Verlust leiden. Da bei dieser Studie bekannt war, inwieweit die Personen schon zu Beginn der Studie eine depressive Symptomatik aufwiesen, war es spannend zu betrachten, wie sich diese im Laufe des Studienzeitraums entwickelt hat. Insgesamt konnten Bonanno und seine Kollegen (2002) fünf unterschiedliche Verlaufsmuster erfassen.

a) »Normaler« Trauerverlauf
   Bei diesem Verlauf sind die Betroffenen eine Zeit lang in ihrer Funktionsfähigkeit eingeschränkt, weisen eine depressive Symptomatik auf und kehren aber dann zu ihrer normalen Funktionsfähigkeit zurück. In dieser Studie wiesen nur 10,7 Prozent der Teilnehmer ein solches Muster auf. Im Durchschnitt zeigten sich bei dieser Gruppe vor dem Verlust keine oder nur geringe depressive Symptome. Bei der Befragung sechs Monate nach dem Tod des Partners waren jedoch starke depressive Symptome festzustellen, die sich aber bei der Befragung nach 18 Monaten wieder deutlich gebessert hatten.

b) Resilienz
   Dies ist das wahrscheinlich erstaunlichste Ergebnis der Studie. Fast die Hälfte (45,9 Prozent) aller Teilnehmer berichteten sowohl vor dem Verlust als auch bei den Befragungen 6 und

---

21 Sie trägt den Namen »Changing Lives of Older Couples« oder kurz CLOC-Studie.
22 Um an der Studie teilnehmen zu können, mussten die Ehemänner 65 Jahre alt oder älter sein.

18 Monate danach nur über sehr geringe depressive Probleme. Sie waren auch nur sehr gering durch andere Trauerreaktionen, die diese Studie auch abgefragt hat, beeinträchtigt.
c) Chronische Trauer[23]
16 Prozent der Befragten wiesen vor dem Verlust kaum depressive Symptome auf, zeigten jedoch sowohl 6 als auch 18 Monate nach dem Tod des Partners hohe Depressionswerte.
d) Chronische Depression
Bei 6 Prozent der Befragten bestanden vor dem Verlust hohe Depressionswerte, die auch 6 beziehungsweise 18 Monate danach hoch blieben.
e) Vor dem Verlust bestehende Depression gefolgt von Verbesserung
Bei 10 Prozent der Teilnehmer fanden sich vor dem Tod des Partners hohe Depressionswerte, die aber 6 und 18 Monate nach dem Verlust stark zurückgingen.

Grafisch stellen sich die Verläufe wie folgt dar (Abbildung 3):

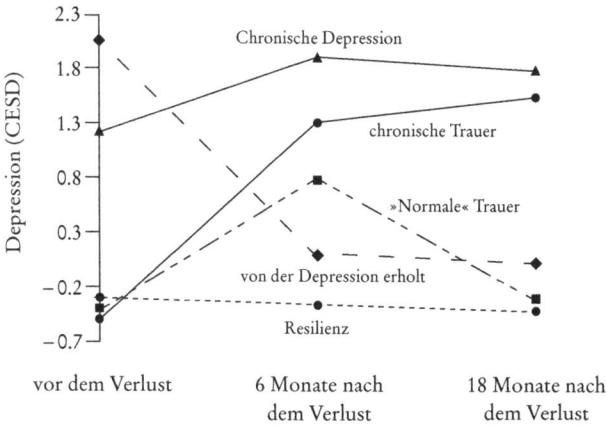

Abbildung 3: Typische Verläufe depressiver Symptome vor einem Verlust und 6 beziehungsweise 18 Monate danach (N = 185). Quelle: Bonanno et al., 2002, S. 1157

---

23 Mit chronischer Trauer bezeichnet Bonanno das, was andere unter Komplizierter Trauer verstehen.

Bonanno und seine Kollegen haben aber nicht nur die depressive Symptomatik erfasst, sondern auch trauerspezifische Messinstrumente eingesetzt. Damit haben sie untersucht, wie sich in den fünf oben dargestellten Verlaufsgruppen die Trauer entwickelt. Grafisch lässt sich das wie folgt darstellen (Abbildung 4):

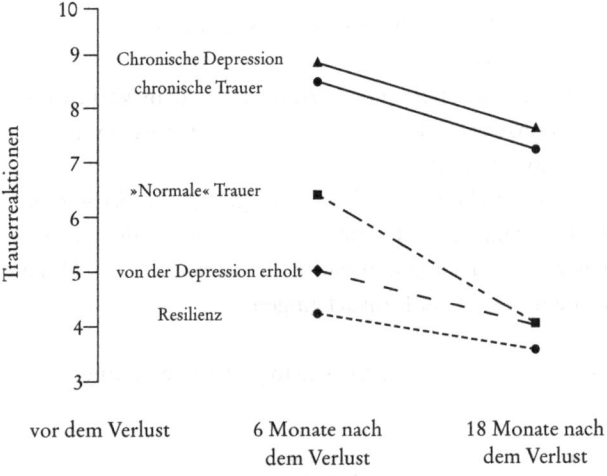

Abbildung 4: Trauerverlaufsmuster in Abhängigkeit von der Depressivität
Quelle: Bonanno et al., 2002, S. 1157

Einige Personen denken im Zusammenhang mit dem Thema Trauerverläufe ganz speziell an die Idee der verzögerten Trauer. Diese Vorstellung beinhaltet, dass Personen, die keine oder nur geringe Anzeichen von Trauer zeigen, später eine verzögerte Trauer erleben werden (Middleton et al., 1993). Solche veralteten Vorstellungen klingen selbst auf aktuellen Internetseiten von Krankenkassen an (zum Beispiel Techniker Krankenkasse, 2015). Obwohl sich diese Vorstellung weiter hartnäckig hält, gibt es jedoch keine empirischen Studien, die belegen können, dass es so etwas wie eine verzögerte Trauer gibt (Wortman und Silver, 1989; Bonanno und Mancini, 2008).

Abschließend bleibt festzuhalten, dass Resilienz nicht gleichzusetzen ist mit einem Trauerverlauf, bei dem Betroffene längere

Zeit psychisch belastet sind, aber dann allmählich zu einer stabilen Funktionsfähigkeit zurückkehren (Bonanno, 2004, S. 20). Dies kennzeichnet einen »normalen« Trauerverlauf. Resilienz bedeutet jedoch auch nicht, dass Betroffene überhaupt keine emotionale Erschütterung erfahren. Auch Hinterbliebene mit einem resilienten Verlauf berichten von Momenten intensiven Schmerzes, intensiver Sehnsucht nach der verstorbenen Person oder von sich aufdrängenden Gedanken. Doch im Vergleich zu Betroffenen, die einen »normalen« Trauerverlauf erleben, gelingt es ihnen schon früh nach dem Verlust, den Alltag normal zu bewältigen. Und sie haben auch schon früh die Fähigkeit, aufbauende Erfahrungen (zum Beispiel neue Aufgaben erfolgreich übernehmen) zu machen und positive Gefühle zu empfinden (Bonanno et al., 2005).

5.4 Was zeichnet Menschen mit einem resilienten Trauerverlauf aus?

Aus der Entwicklungspsychologie weiß man, dass es verschiedene Faktoren sind, die Kinder gegenüber ungünstigen Lebensumständen schützen. Dazu gehören individuelle Merkmale (zum Beispiel das Naturell) ebenso wie soziale Merkmale (zum Beispiel eine vertrauensvolle Bezugsperson). Kein Faktor allein führt zu Resilienz, es ist vielmehr so, dass es viele voneinander unabhängige Schutz-, aber auch Risikofaktoren gibt, die wirksam werden. Auch bei Menschen, die einer traumatischen Situation ausgesetzt waren, zeigen sich eine Vielzahl Faktoren, die beeinflusst haben, ob sie unbeschadet aus der Situation hervorgegangen sind oder beispielsweise eine Posttraumatische Belastungsstörung entwickelt haben (Bonanno et al., 2007). Neben den Faktoren Geschlecht, Alter, Bildung kann die ethnische Herkunft ebenso eine Rolle spielen wie beispielsweise das Maß an zusätzlichem Stress oder die Frage, ob eine Person einen Arbeitsplatz und somit ein Einkommen hat oder nicht.

Bonanno hat mit seinen Kollegen untersucht, worin sich resiliente und nichtresiliente Erwachsene angesichts von Verlusten unterscheiden. Sie haben sich bei ihren Untersuchungen insbesondere auf die personenbezogenen Faktoren konzentriert, durch die Resilienz entstehen kann. Dabei steht die Forschung jedoch noch am Anfang, wenn es darum geht zu verstehen, wie die individuellen Faktoren untereinander und mit situations- und kontextgebundenen Faktoren interagieren.

Pragmatisches Coping

Überraschend war für die Wissenschaftler unter anderem die Beobachtung, dass manchmal Bewältigungsmuster in Krisensituationen hilfreich waren, die unter normalen Umständen eher ungünstige Verhaltensweisen darstellen. Bonanno prägte hierfür den Begriff »pragmatisches Coping« im Sinne von »Erlaubt ist, was hilft« (Mancini und Bonanno, 2009, S. 1810). Dazu zählen beispielsweise die folgenden drei Verhaltensweisen:

Repressives Bewältigungsverhalten

Bestimmte Personen tendieren dazu, bedrohliche und unangenehme Reize einfach auszublenden. Dabei kann man aber feststellen, dass auf physiologischer Ebene die Stressreaktionen dennoch ablaufen, ihnen dies aber nicht bewusst ist. Diese Art, mit Stress umzugehen, wird als repressive Bewältigung bezeichnet und ist ein automatisch ablaufendes Vermeiden von unangenehmen Gedanken, Gefühlen oder Erinnerungen (Mancini und Bonanno, 2009, S. 1811). Es ist nicht zu verwechseln mit dem bewussten Versuch, Gedanken oder Gefühle zu vermeiden. Vermutlich ist ein repressives Bewältigungsverhalten bei Verlustsituationen deshalb so vorteilhaft, weil die Betroffenen weniger von Gefühlen überflutet werden (Mancini und Bonanno, 2009, S. 1811).

Unsicher-vermeidender Bindungsstil

Zurückgehend auf die Bindungstheorie von Bowlby (1980), gehen viele Trauerforscher davon aus, dass verschiedene Bindungsstile unterschiedliche Reaktionen auf Verlusterfahrungen erklären können. Als unsicher-vermeidend gelten hiernach Menschen, die von sich selbst ein positives Bild haben, von anderen jedoch generell eher Zurückweisung erwarten (Stroebe, Schut und Boerner, 2010). Durch diese negative Erwartungshaltung legen sie großen Wert auf die eigene Unabhängigkeit und spielen die Bedeutung von nahen Beziehungen eher herunter. Dies scheint sich beim Tod einer wichtigen Bezugsperson dahingehend auszuwirken, dass sie bei einem Verlust relativ geringe Belastungsreaktionen entwickeln. Das heißt aber nicht, dass die Beziehung nicht gut war. Ein anderer Bindungsstil, abhängig-anklammernder Bindungsstil genannt, wird hingegen mit der Entstehung von intensiven Trauerreaktionen in Verbindung gebracht (Stroebe, Schut und Boerner, 2010).

Die Tendenz zur Selbstüberschätzung

Die Neigung, seine persönlichen Eigenschaften und Fähigkeiten nicht nur sehr positiv zu bewerten, sondern sogar deutlich positiver, als sie tatsächlich sind, macht solche Menschen im normalen Alltag möglicherweise manchmal unsympathisch. Doch im Zusammenhang mit potenziell traumatischen Ereignissen oder Verlusten führt dieser Persönlichkeitsfaktor zu einer besseren Verarbeitung der Ereignisse (Mancini und Bonanno, 2009, S. 1814). Vermutlich hilft diese Neigung Menschen bei sehr belastenden Erlebnissen, sich weniger bedroht zu fühlen. Durch die Selbstüberschätzung fühlen sie sich den Anforderungen eher gewachsen und können sich einen optimistischen Blick auf die Situation bewahren. Der Vergleich mit anderen oder das Umdeuten von negativen Erfahrungen in positive sind Beispiele für solch selbstüberschätzende Strategien. Menschen mit dieser Neigung sind besser in der Lage, soziale Unterstützung in Anspruch zu nehmen. Anscheinend setzen sie bei ihrem sozialen Umfeld eine hohe Bereitschaft voraus, ihnen zuzuhören und zu helfen. Damit erhöhen sie ihre Chancen, dass sie diese Hilfe auch wirklich erhalten.

Flexible Anpassung
Neben diesen pragmatischen Bewältigungsstilen haben die Forscher aber auch noch weitere Faktoren identifizieren können, die dazu beitragen, dass Menschen in der Lage sind, sich flexibel an Krisensituationen anzupassen (Mancini und Bonanno, 2009). Dazu gehören folgende vier Punkte:

Weltanschauung

Die bereits erwähnte 1.532 Personen umfassende, über lange Zeit laufende CLOC-Studie hat gezeigt, dass Menschen, die bereits vor dem Verlust eine positive Einstellung zum Leben hatten, bei einem Verlust eher einen resilienten Verlauf entwickeln (Mancini und Bonanno, 2009). Menschen mit einer positiven Einstellung zum Leben gehen beispielsweise grundsätzlich davon aus, dass das Leben gerecht ist, es gut mit ihnen meint und ihnen nur Aufgaben stellt, die sie auch bewältigen können. Dem Tod gegenüber haben sie eher eine akzeptierende Grundhaltung. Personen mit solch positiven und akzeptierenden Grundüberzeugungen fühlen sich eher weniger durch einen Verlust bedroht und entwickeln dadurch weniger Belastungsreaktionen.

Eigene Identität

Trauernde berichten häufig, dass der Verlust ihre Identität erschüttert habe, dass ein Stück von ihnen fehle und dass ihr Selbstverständnis durch die neue soziale Rolle angegriffen sei. So empfinden einige Frauen das Wort »Witwe« regelrecht als Schimpfwort und hören es nicht gern, wenn sie so bezeichnet werden. Menschen mit einem resilienten Verlauf hingegen empfinden nach dem Verlust höchstens geringfügige Veränderungen in ihrer Selbstwahrnehmung und Identität.

Positive Emotionen

Einige Wissenschaftler (zum Beispiel Bowlby, 1980) bezeichnen es als Verdrängung und ungesund, wenn Menschen nach einem Verlust positive Emotionen zeigen. Dieser Auffassung stehen heute viele Untersuchungen gegenüber, die belegen, dass positive Emotionen und Lachen dazu beitragen, Stress abzubauen (Keltner und Bonanno, 1997). Außerdem haben sie verstärkende und stabilisierende Wirkung auf das Umfeld. So hilft beides dabei, soziale Unterstützung zu erhalten. Darüber hinaus kann das soziale Umfeld annehmen, dass eine Person, die positive Emotionen zeigt und lacht, daran interessiert ist, den Kontakt auch weiter aufrechtzuerhalten. Menschen mit resilientem Verlauf zeichnen sich dadurch aus, dass sie bereits früh nach dem Verlust auch positive Gefühle, wie zum Beispiel Dankbarkeit oder Liebe, empfinden und lachen konnten. Sie leiden weniger unter Schuldgefühlen und grübeln seltener über eventuelle Versäumnisse nach. Darüber hinaus neigen sie weniger dazu, nach dem Sinn im Tod des Partners zu suchen.

Positive Erinnerungen

Studien haben einen weiteren Faktor, der zu Resilienz beiträgt, identifizieren können. Dieser besagt, dass sich Menschen mit resilientem Verlauf in besonderer Weise getröstet fühlen, wenn sie an die verstorbene Person denken, über sie sprechen oder sich an schöne Momente erinnern (Mancini und Bonanno, 2009).

Zusammenfassend kann also festgehalten werden, dass ganz unterschiedliche Faktoren zu einem resilienten Verlauf beitragen können. Dabei scheinen zwei grundlegende Mechanismen entscheidend zu sein: Zum einen hilft alles, was dazu beiträgt, dass Hinterbliebene den Verlust als möglichst wenig bedrohlich und überfordernd bewerten, selbst dann, wenn die eigene Person dabei teilweise überschätzt wird oder Reize ausgeblendet werden. Zum anderen scheinen all jene Strategien Resilienz zu fördern, die dabei helfen, soziale Ressourcen verfügbar und nutzbar zu machen.

5.5 Tipps für Praktiker

Eine wesentliche Erkenntnis der Resilienzforschung ist darin zu sehen, dass es nicht den »einen richtigen Weg« zur Bewältigung von Verlusterfahrungen gibt, sondern dass verschiedene Bewältigungsstrategien zu positiven Entwicklungen führen können. Mancini und Bonanno (2006) empfehlen Praktikern des Weiteren:

1. Achten Sie darauf, wem Sie Trauerberatung anbieten
Trauerbegleitung und -beratung sollte nur den Personen angeboten werden, die dauerhaft komplizierte Trauerreaktionen aufweisen. Im Durchschnitt trifft das auf 10 bis 15 Prozent der Trauernden zu (Mancini und Bonanno, 2006). Alle anderen Personen werden sich im Laufe der Zeit von dem Verlust erholen und zu ihrer normalen Funktionsfähigkeit zurückkehren. Diesen Menschen unterstützende Maßnahmen anzubieten, erzielt keinen nennenswerten Effekt. Im schlimmsten Fall können Interventionen für diese Betroffenen sogar schädlich sein, weil sie Strategien, die ihnen normalerweise helfen, untergraben können.

2. Pathologisieren Sie resiliente Verläufe nicht
Resiliente Reaktionen auf Verluste oder traumatische Ereignisse sollten nicht pathologisiert werden, indem Betroffenen etwa Verdrängung unterstellt wird oder behauptet wird, sie würden sich weigern, ihre Gefühle erleben zu wollen.

3. Beachten Sie Prozesse, die die Kontinuität beziehungsweise den Wandel von Identität betreffen
Wenn Menschen einen Verlust erleiden, hören sie oft den Ratschlag: Geh nicht arbeiten, bleib zu Hause! Doch Menschen mit resilienten Trauerverläufen zeichnen sich gerade dadurch aus, dass sie nicht zu Hause bleiben, sondern ihren gewohnten All-

tag wieder aufnehmen. Sie fühlen sich in ihrem Selbstverständnis nicht beeinträchtigt. Andere Personen wiederum haben das Gefühl, ihnen sei durch den Verlust ein Teil ihrer selbst verloren gegangen. Auch diesen Menschen kann es helfen, wieder ganz normalen Tätigkeiten (zum Beispiel einkaufen gehen, arbeiten gehen, Freunde treffen) nachzugehen. Denn dabei nehmen sie alte Rollen wieder ein oder lernen, neue Verantwortungsbereiche zu übernehmen. Insgesamt sollte Prozessen, die den Wandel beziehungsweise die Kontinuität der eigenen Identität betreffen, mehr Beachtung geschenkt werden.

4. Fördern Sie positive Emotionen

Ein wichtiger Faktor, der sich positiv auf die Entwicklung nach einem Verlust auswirkt, ist das Erleben positiver Emotionen. In diesem Zusammenhang scheint es sinnvoll, den Ausdruck und das Erleben positiver Emotionen zu fördern. Erzählt ein Betroffener beispielsweise, wie schön sein Urlaub war, dann ist es hilfreich, darauf einzugehen und ihn von den positiven Momenten erzählen zu lassen. Darüber hinaus sollten Annahmen, die den Ausdruck und das Erleben von negativen Emotionen im Zusammenhang mit einem Verlust geradezu einfordern, skeptisch betrachtet werden. So kann beispielsweise nicht generell angenommen werden, dass Menschen, die ihre negativen Gefühle ausdrücken, per se auch besser mit einem Verlust zurechtkommen.

5. Fördern Sie den flexiblen Einsatz von Bewältigungsstrategien

Je nach Situation unterdrücken Menschen ihre Gefühle oder zeigen sie ganz offen. So gibt es Momente, in denen es eher unpraktisch ist, seinem Schmerz Ausdruck zu verleihen, beispielsweise wenn Betroffene arbeiten gehen oder sich um jemand anderen kümmern (Bonanno, 2012a). Diese Flexibilität, die eigenen Gefühle situationsbezogen kontrollieren zu können, ließ sich häufiger bei Menschen beobachten, die einen resilienten Verlauf aufwiesen.

Auch andere Betroffene profitieren davon, wenn sie Bewältigungsstrategien erlernen können, die es ihnen erlauben, ihre Gefühle zu regulieren.

6. Unterstützen Sie die Suche nach einem wertschätzenden Gegenüber

Hinterbliebene profitieren davon, wenn sie der Überzeugung sind, dass es Menschen gibt, die sie wertschätzen und die für sie da sind. Menschen mit resilienten Trauerverläufen wissen, dass sie eine oder mehrere Personen um sich haben, die sie unterstützen. Andere Betroffene sind sich da nicht so sicher oder möchten ihr Umfeld nicht zu sehr mit ihren Sorgen und Erzählungen belasten. Wenn Betroffene ein gut funktionierendes soziales Umfeld haben, kann es für diese Personen hilfreich sein, ihr soziales Umfeld genauer zu betrachten und die »Belastungen« ein wenig auf alle zu verteilen (Doka und Neimeyer, 2012). So lässt sich ein soziales Umfeld beispielsweise in verschiedene Gruppen einteilen (zum Beispiel: Wer kann gut zuhören? Wer hilft mir bei konkreten Problemen? Mit wem kann ich etwas unternehmen, wenn ich mich von meiner Trauer ablenken möchte?). Dabei wird deutlich, auf wen sich Betroffene in welcher Situation verlassen können.

5.6 Ausblick

Aktuell scheint das Thema Resilienz viele Menschen sehr anzusprechen und zahlreiche Programme sind darauf ausgelegt, die persönliche Resilienzfähigkeit quasi »prophylaktisch« zu stärken. Betrachtet man die vielen unterschiedlichen Faktoren, die auf Resilienz Einfluss haben, scheint eine solche Auslegung des Themas Resilienz allerdings sehr fragwürdig. Denn vorbeugende Programme, die wenig spezifisch angelegt sind, erzielen kaum positive Effekte (Bonanno et al., 2011). Ganz im Gegenteil: In einigen Fällen haben sie negative Konsequenzen. Dieser Effekt ist längst bekannt und lässt sich auch im Zusammenhang mit vielen anderen Präventionsprogrammen beobachten. So erklärten Studenten, die an einem Präventionskurs zum Thema Selbsttötung teilgenommen hatten, dass der Kurs die Hemmschwelle, einen Suizid wirklich zu begehen, eher vermindere als erhöhe (Bonanno et al., 2011). Man muss also sehr viel Wohlwollen an den Tag legen, wenn man liest, dass Verluste einfacher zu verkraften wären, wenn Menschen nur ihre Resilienzfähigkeit stärken würden. Denn bei genauer Betrachtung kann diese stark personenzentrierte Betrachtungsweise ernsthaft negative Folgen haben. Man stelle sich nur vor, eine Person nimmt an einem Programm zur Stärkung der persönlichen Resilienz teil. Einige Zeit danach stirbt dann eine nahestehende Bezugsperson. Wie mag sich diese Person fühlen, wenn sie merkt, dass sie trotz des Kurses große Schwierigkeiten hat, mit dem Verlust umzugehen? Zweifelt sie womöglich jetzt erst recht an sich? Und was wird ihr Umfeld davon halten, dass sie so leidet, obwohl sie doch an dem Kurs zur Stärkung der persönlichen Resilienz teilgenommen hat?

Allgemeiner betrachtet könnte man sogar fragen, ob Betroffene etwa dafür stigmatisiert werden könnten, wenn sie unter einer Verlustsituation leiden, in dem Sinne: Die sind doch nur zu schwach, die müssen einfach stärker an sich arbeiten! Betroffene auf ihre eigenen vorhandenen Ressourcen aufmerksam zu machen, scheint in Verlustsituationen sinnvoll zu sein. Es ist ein Punkt unter vielen, den Fachkräfte unterstützen können. Doch wie ein Mensch auf eine Krisensituation reagiert, hängt von zahlreichen Faktoren ab und es stellt kein persönliches Unvermögen dar, wenn er darunter leidet.

5.7 Auf einen Blick

- Resilienz angesichts von Verlusten und potenziell traumatischen Ereignissen meint die Fähigkeit von Erwachsenen, ein relativ stabiles Muster gesunden psychischen und körperlichen Funktionierens aufrechtzuerhalten.

- Resilienz ist kein Persönlichkeitsmerkmal.
- Resilienz ist das Resultat eines ganz speziellen Verlaufs angesichts eines potenziell sehr erschütternden Ereignisses.
- Resilienz ist im Einzelfall nicht vorhersagbar, sondern kann erst als Ergebnis nach einem potenziell belastenden Ereignis festgestellt werden.
- Resilienz angesichts potenziell erschütternder Erlebnisse stellt eher die Regel als die Ausnahme dar.
- Kein Faktor allein führt zu Resilienz, es ist vielmehr so, dass es viele voneinander unabhängige Schutz-, aber auch Risikofaktoren gibt, die wirksam werden.
- Es gibt nicht den »einen richtigen Weg« zur resilienten Bewältigung von Verlusterfahrungen. Viele verschiedene Bewältigungsstrategien können zu einer positiven Entwicklung führen.
- Prophylaktische Resilienz-Programme, die wenig spezifisch angelegt sind, erzielen kaum positive Effekte. Sie können aber negative Folgen haben.

5.8 Literatur

Alim, Tanya N.; Feder, Adriana; Graves, Ruth Elaine; Wang, Yanping; Weaver, James; Westphal, Maren; Alonso, Angelique; Aigbogun, Notalelomwan U.; Smith, Bruce W.; Doucette, John T.; Mellman, Thomas A.; Lawson, William B.; Charney, Dennis S. (2008). Trauma, Resilience, and Recovery in a High-Risk African-American Population. American Journal of Psychiatry, 165, 12, S. 1566–1575.

»Bild«-Zeitung (2014). Blacky Fuchsberger. So leidet seine Witwe (13.09.2014). 214, 37, S. 1.

Bonanno, George, A. (2012a). Die andere Seite der Trauer. Verlustschmerz und Trauma aus eigener Kraft überwinden. Bielefeld, Basel.

Bonanno, George A. (2012b). Uses and Abuses of the Resilience Construct: Loss, Trauma, and Health-Related Adversities. Social Science and Medicine, 74, 5, S. 753–756.

Bonanno, George A. (2004). Loss, Trauma, and Human Resilience. Have We Underestimated the Human Capacity to Thrive after Extremely Aversive Events? American Psychologist, 59, 1, S. 20–28.

Bonanno, George A.; Galea, Sandro; Bucciarelli, Angela; Vlahov, David (2007). What Predicts Psychological Resilience after Disaster? The Role of Demographics, Resources, and Life Stress. Journal of Consulting and Clinical Psychology, 75, 5, S. 671–682.
Bonanno, George A.; Galea, Sandro; Bucciarelli, Angela; Vlahov, David (2006). Psychological Resilience after Disaster. New York City in the Aftermath of the September 11th Terrorist Attack. Psychological Science, 17, 3, S. 181–186.
Bonanno, George A.; Mancini, Anthony D. (2008). The Human Capacity to Thrive in the Face of Potential Trauma. Pediatrics, 121, 2, S. 369–375.
Bonanno, George A.; Rennicke, Courtney; Dekel, Sharon (2005). Self-Enhancement Among High-Exposure Survivors of the September 11th Terrorist Attack: Resilience or Social Maladjustment? Journal of Personality and Social Psychology, 88, 6, S. 984–998.
Bonanno, George A.; Westphal, Maren; Mancini, Anthony D. (2011). Resilience to Loss and Potential Trauma. The Annual Review of Clinical Psychology, 7, 1, S. 511–535.
Bonanno, George A.; Wortman, Camille B.; Leman, Darrin R.; Tweed, Roger G.; Haring, Michelle; Sonnega, John; Carr, Deborah; Nesse, Randolph M. (2002). Resilience to Loss and Chronic Grief: A Prospective Study From Preloss to 18-Months Postloss. Journal of Personality and Social Psychology, 83, 5, S. 1150–1164.
Bongartz, Detlef; Kraft, Susanne (2012). Vertrauen in die eigene Heilkraft. Rituale und Resilienzförderung. Leidfaden 1, 2, S. 36–41.
Bowlby, John (1980). Attachment and Loss. Loss: Sadness and Depression, Vol. 3. New York.
Deshields, Teresa; Tibbs, Tiffany; Fan, Ming-Yu; Taylor, Marie (2006). Differences in Patterns of Depression after Treatment for Breast Cancer. Psycho-Oncology, 15, 5, S. 398–406.
Doka, Kenneth J.; Neimeyer, Robert A. (2012). Orchestrating Social Support. In: Neimeyer, Robert A. (Hrsg.): Techniques of Grief Therapy. Creative Practices for Counseling the Bereaved. New York.
Fröhlich, Werner D. (2008). Wörterbuch Psychologie. 26., überarbeitete und erweiterte Auflage. München.
Gruhl, Monika (2014). Resilienz – die Strategie der Stehauf-Menschen. Krisen meistern mit innerer Widerstandskraft. Freiburg.
Keltner, Dacher; Bonanno, George A. (1997). A Study of Laughter and Dissociation: Distinct Correlates of Laughter and Smiling During Bereavement. Journal of Personality and Social Psychology, 73, 4, S. 687–702.
Kluge, Friedrich (1995). Etymologisches Wörterbuch der deutschen Sprache. 23., erweiterte Auflage. Berlin, New York.
Langenscheidts Handwörterbuch Englisch (1988). Berlin u. a.

Mancini, Anthony D.; Bonanno, George A. (2009). Predictors and Parameters of Resilience to Loss: Toward an Individual Differences Model. Journal of Personality, 77, 6, S. 1805–1831.

Mancini, Anthony D.; Bonanno, George A. (2006). Resilience in the Face of Potential Trauma: Clinical Practices and Illustrations. Journal of Clinical Psychology, 62, 8, S. 971–985.

Middleton, Warwick; Moylan, Ann; Raphael, Beverley; Burnett, Paul; Martinek, Nada (1993). An International Perspective on Bereavement Related Concepts. The Australien and New Zealand Jorunal of Psychiatry, 27, 3, S. 457–463.

Mischel, Walter (1969). Continuity and Change in Personality. American Psychologist, 24, 11, S. 1012–1018.

Osterweis, Marian; Soloman, Frederic; Green, Morris (Hrsg.) (1984). Bereavement: Reactions, Consequences, and Care. Washington.

Rando, Therese A. (1993). Treatment of Complicated Mourning. Champaign.

Raphael, Beverly (1983). The Anatomy of Bereavement. New York.

Seligman, Martin E. P. (2002). Positive Psychology, Positive Prevention, and Positive Therapy. In: Snyder, C. R.; Lopez, Shane J. (Hrsg.): Handbook of Positive Psychology. New York.

Stroebe, Margaret; Schut, Henk; Boerner, Kathrin (2010). Continuing Bonds in Adaption to Bereavement: Towards Theoretical Integration. Clinical Psychology Review, 30, 2, S. 259–268.

Techniker Krankenkasse: http://www.tk.de/tk/krankheiten-a-z/krankheiten-v/verlustreaktion-abnorme/31412; Zugriff am 27.08.2015,

Wahrig Fremdwörterlexikon (2001). Hrsg. von R. Wahrig-Burfeind. Neu bearbeitete Ausgabe. Gütersloh, München.

Werner, Emmy E. (1995). Resilience in Development. Current Directions in Psychological Science, 4, 3, S. 81–85.

Wingo, Aliza P.; Fani, Negar; Bradley, Bekh; Ressler, Kerry, J. (2010). Psychological Resilience and Neurocognitive Performance in a Traumatized Community Sample. Depression and Anxiety, 27, 8, S. 768–774.

Wortman, Camille B.; Silver, Roxane Cohen (1989). The Myths of Coping with Loss. Journal of Consulting and Clinical Psychology, 57, 3, S. 349–357.

Edition Leidfaden

Alfried Längle / Dorothee Bürgi
Wenn das Leben pflügt
Krise und Leid als existentielle Herausforderung
Mit einem Vorwort von M. Köhlmeier.
2016. 121 Seiten, mit 5 Abb. und 10 Tab., kartoniert
ISBN 978-3-525-40259-7

Krise und Leid sind existentielle Erfahrungen. Warum sie das Leben so tief durchwühlen können und wie damit konstruktiv und bejahend umgegangen werden kann, ist das Thema dieses Buches.

Petra Rechenberg-Winter
Leid kreativ wandeln
Biografisches Schreiben in Krisenzeiten
2015. 147 Seiten, mit 5 Abb. und Download-Material, kartoniert
ISBN 978-3-525-40258-0

Biografisches Schreiben ermöglicht, existenziellen Eindrücken und schmerzhaften Erfahrungen eine Sprache zu geben und sich heilsam mit Erlittenem auseinanderzusetzen. Das Arbeitsbuch bietet praxiserprobte Schreibinterventionen.

Sylvia Brathuhn / Thorsten Adelt
Vom Wachsen und Werden im Prozess der Trauer
Neue Ansätze in der Trauerbegleitung
2015. 127 Seiten, mit 2 Tabellen, kart.
ISBN 978-3-525-40257-3

Das Fokussieren auf die einzelnen Werdeschritte als natürliche Entwicklungsphasen im Trauerprozess vermittelt neue Verstehens- und Handlungsansätze.

Isabella Hemmann
Das Alphabet der Trauer
Mit Texten zum tieferen Verständnis von Verlusten
2015. 107 Seiten, kartoniert
ISBN 978-3-525-40248-1

Das Lese- und Vorlesebuch bietet im Unverständnis der Trauer Orientierung und rückt das Verstehen in den Mittelpunkt. Der vielseitige Textfundus kann in der praktischen Trauerbegleitung kreativ genutzt werden.

Verlagsgruppe Vandenhoeck & Ruprecht | V&R unipress

eBooks auf: www.v-r.de

Edition Leidfaden

Norbert Mucksch
Trauernde hören, wertschätzen, verstehen
Die personzentrierte Haltung in der Begleitung
2015. 127 Seiten, mit 2 Abb., kart.
ISBN 978-3-525-40255-9

Das Menschenbild und die therapeutische Haltung und Methodik der personzentrierten Psychotherapie kommt auch Menschen in Trauer zu gute. Trauerbegleiter sind gut beraten, sich dieses Know-how zu eigen zu machen.

Traugott Roser
Sexualität in Zeiten der Trauer
Wenn die Sehnsucht bleibt
2014. 139 Seiten, mit 2 Abb., kart.
ISBN 978-3-525-40233-7

Eduard Zwierlein
Denken kann trösten
Trauer verständnisvoll begleiten
2014. 132 Seiten, mit 2 farb. Abb., kart. ISBN 978-3-525-40235-1

Marion Schenk
Suizid, Suizidalität und Trauer
Gewaltsamer Tod und Nachsterbewunsch in der Begleitung
2014. 132 Seiten, mit 10 Abb., kartoniert
ISBN 978-3-525-40238-2

Willy Peter Müller
Trauer in Träumen
Traumbilder können helfen und heilen
2014. 126 Seiten, kartoniert
ISBN 978-3-525-40236-8

Matthias Schnegg
Erwärmen in der Trauer
Psychodramatische Methoden in der Begleitung
2014. 137 Seiten, mit 17 Abb., kartoniert
ISBN 978-3-525-40232-0

Monika Müller
Trauergruppen leiten
Betroffenen Halt und Struktur geben
2014. 124 Seiten, kartoniert
ISBN 978-3-525-40237-5

Verlagsgruppe Vandenhoeck & Ruprecht | V&R unipress

www.v-r.de

Fundierte Kenntnisse für die Arbeit mit Trauernden

Monika Müller / Sylvia Brathuhn / Matthias Schnegg
Handbuch Trauerbegegnung und -begleitung
Theorie und Praxis in Hospizarbeit und Palliative Care

Unter Mitarbeit von T. Adelt, T. Breidbach, C. Fleck-Bohaumilitzky, F. Grützner, M. Kern, D. Klass, B. Papendell, D. Pfister, R. Rosner, M. Weber, S. Zwierlein-Rockenfeller
2. Auflage 2014. 292 Seiten, mit 3 Abb. und 1 Tab., kartoniert
ISBN 978-3-525-45188-5
eBook: ISBN 978-3-647-45188-6

Das Buch will das Bewusstsein für Trauerleiden und -erleben schärfen und den Mitarbeitern palliativer Versorgungsdienste und von Hospizen Handwerkszeug anbieten, mit diesem Thema kompetent umzugehen.

»Als Grundlagenliteratur ist diese Neuerscheinung uneingeschränkt zu empfehlen sowohl für bereits in der Trauerbegegnung und -begleitung tätige Menschen, wie auch für solche, die sich auf eine solche Aufgabe vorbereiten (wollen) und nicht zuletzt für alle im hospizlichen und palliativen Bereich Tätige.«
Zeitschrift für Palliativmedizin (Norbert Mucksch)

»Theoretisches Grundlagenwissen und der Transfer in die Praxis werden umfassend abgedeckt. Neben den Hauptautoren bereichern etliche einschlägige Autoren das Buch mit ihren fachlichen Beiträgen.«
gute-trauer.de

www.v-r.de

Die Besonderheiten bei Kindertrauer
– in Theorie und Praxis

Franziska Röseberg /
Monika Müller (Hg.)
Handbuch Kindertrauer
Die Begleitung von Kindern,
Jugendlichen und ihren Familien
2014. 547 Seiten, mit 27 Abb. und
9 Tab., gebunden
ISBN 978-3-525-40227-6

eBook: ISBN 978-3-647-40227-7

Dieses Handbuch bündelt mit fachlicher Expertise die große Bandbreite der Aspekte, die mit Trauer von Kindern zusammenhängen. Die elementaren Unterschiede zur Erwachsenentrauer machen solch ein Nachschlagewerk unentbehrlich.

Das Buch gibt einen praxisbezogenen und theoretisch fundierten Einblick in die Thematik Trauer von Kindern und deren Familien. Trauer ist dabei weit gefasst und bezieht sowohl Erfahrungen vom Tod nahestehender Menschen, das Erleben von Sterben als auch andere Verlustsituationen ein. Hierbei werden die besonderen Bedürfnisse von Kindern, Jugendlichen und jungen Erwachsenen berücksichtigt. Die langjährig erfahrenen Autorinnen und Autoren beschreiben Unterstützungsmöglichkeiten in der Familie, in Institutionen sowie in spezifischen Trauerbegleitungsangeboten. Praxisbeispiele oder Aussagen von Betroffenen leiten in die thematischen Aspekte ein.

Verlagsgruppe Vandenhoeck & Ruprecht | V&R unipress

www.v-r.de